主办 /
中国社会科学院法学研究所
中国社会科学院国家法治指数研究中心

实证法学研究（第二期）

CHINESE JOURNAL OF EMPIRICAL LEGAL STUDIES Vol.2

主编 / 田　禾
吕艳滨

社会科学文献出版社
SOCIAL SCIENCES ACADEMIC PRESS (CHINA)

《实证法学研究》 编委会

目　录

【附录】

CONTENTS

【争鸣：劳动法的利益分配】

我们需要一部什么样的劳动合同法?

姚 佳*

摘 要：中国在国家层面始终重视劳动者保护，通过相继制定相关劳动法律法规调整劳动法律关系，但《劳动合同法》近年来却备受诟病，社会分歧较大。评价一部法律，可能无法用好坏或优劣来形容，更多的是关注其是否符合社会事实以及能否真正实现法治初衷。近年来《劳动合同法》施行效果并不尽如人意，不仅未能实现定分止争，反而引发较多矛盾。中国语境下的劳动仲裁以及劳动群体争议解决方式也在某种程度上削减法治效用。通过相关法律文本可以发现，劳动立法理念从一开始就出现了偏差，在法律解释过程中再度发生偏差，同时诸多行政化因素在强制主导劳动关系的配置，导致法律与人们的理性认识之间出现“鸿沟”，如何弥合此间差距，就成为一个亟待解决的问题。在技术迅速革新的时代，人类社会不断面临挑战，

* 中国社会科学院法学研究所副编审。

如何保护劳动者，如何创造更多的劳动机会，成为人们需要深入思考的问题。

关键词：《劳动合同法》　法律实施　劳动争议　劳动法理念

引　言

劳动法是关乎劳动者与企业生存发展的重要法律，人类进入现代社会以后，法学家和立法者逐渐发现劳动者不同于其他群体的“身份”性质，以及法律对劳动契约关系的调整不同于以往的契约关系。德国著名法学家拉德布鲁赫基于从社会角度所进行的观察、对劳动关系的发现，认为劳动法对时代起着引领作用，具有较高的地位。劳动法的本质则是：极限地接近生活①。申言之，劳动者不是抽象的法律人，也不是单个人，而是“穿衣服的人”“有身份的人”和集体人②。基于人类智识上的进步，对劳动关系的调整——如何保护劳动者以及如何平衡劳动者与企业主之间的关系，成为后世政治国家所关注的焦点。

中国在国家层面始终重视对劳动者的保护。1995 年制定的《劳动法》，是中国第一个劳动法律体系中的成文法；十数年之后，为进一步以合同形式约束劳动关系，制定了《劳动合同法》。故此，中国劳动法律体系由《劳动法》和《劳动合同法》以及相关行政法规、规范性文件等构成。《劳动合同法》于 2008 年颁行，其产生于世界金融危机之后，此后施行的十年间也恰逢中国经济、社会快速发展

① 参见〔德〕拉德布鲁赫《法律上的人》，载〔德〕古斯塔夫·拉德布鲁赫著《法律智慧警句集》，舒国滢译，中国法制出版社，2001，第 149～150 页。

② 谢鸿飞：《现代民法中的“人”》，《北大法律评论》2000 年第 3 卷。

时期，中国劳动力结构、新技术所推动的企业发展等都在经历急速变革，因此，这部调整微观用工关系的《劳动合同法》不仅在发生作用，并且此种作用也因外界生存发展环境变化而被放大。毫无疑问，从历史长河来看，拉德布鲁赫等所处的20世纪早期和中国当下所处的21世纪，社会背景、经济基础与技术发展已完全不同，劳动力结构也不再是以蓝领工人为主，而是一种以专业化和技术人才为较大比例的“白领”群体，因此，劳动法究竟旨在面向何种群体，调整何种群体关系以及如何适应时代发展也成为一个重要的前置基本问题。

近年来，社会上对《劳动合同法》条文质量的评价种种，无非是认为条款制定时或理性或冲动，义务、责任或严格或宽松，但这些评价可能都缺乏一个确定的标准，即相对客观的“法治”标准。颇令人遗憾的是，这部法律在近些年的实施与实践中可能并没有如被期望的那样实现了真正意义上的劳动关系法治化，反而是在“法治”与法律规则之上附加了太多的“枷锁”，如法律规则解释的非科学化、司法与执法的非公正性以及法律纠纷“信访化”倾向等等。通过国家强制力加在用人单位上的“担子”，并没有使用人单位与劳动者信服，反而使二者之间的关系呈现一种不平衡与不和谐，甚至是极度紧张状态，最重要的是，法治的权威与稳定性受到极大挑战，使《劳动合同法》在一定程度上失去了其应有之意。

一个值得关注与思考的现象是，中国目前没有哪个领域会像劳动法领域一样，几乎任何一个涉及劳动者与用人单位关系的微观问题都可能存在争议，无论是劳动合同的签订、劳动合同期限、试用期、合同履行、合同解除，还是司法与执法中所涉及的问题。对于很多问题，即便存在相应成文法规定，用人单位的普遍理解与劳动者的普遍理解也都存在巨大差异，管理部门与司法机关的解释与用人单位、劳动者的理解也并不一致，甚至差距较大。法律是极尽符合社会事实、极尽反映社会需要的主体行为规范，如若其内容并不符合所关涉主体的一般理解，那么就可能出现了问题，究竟是法律文本出了问题，还是法律文本之外的原因影响了法律关系调整？这可能都需要人们深入思考的。

一　关于《劳动合同法》的争论

近些年学术界与社会对《劳动合同法》争论较多，大致呈现几种观点：第一种认为《劳动合同法》在“撕裂”社会，该法将中国此前《劳动法》中的“劳弱资强”改造成“劳善资恶”，对“资方”进行了较多不公正的主观评价，将倾斜保护改成单方面保护，此种立法理念使得该法在近些年出现较多问题，对企业甚至对经济都有所损害，因此有必要进行全面修改①；第二种认为《劳动合同法》可以修改完善，但修法并不是否定该法，该法具有全面充分保护劳动者的积极意义；第三种是属于“中间地带”的观点，基本上无涉所谓立场，而是从《劳动合同法》本身的法律规则专业性与稳定性角度进行探讨②。

对于上述第一种观点，有人认为其站在“资方”立场，第二种则是站在“劳动者”立场的观点，将二者截然对立，认为二者是不相容的。如果此种立场预设与前提假设是客观存在的，那么第二种观点无疑会胜出，因为劳动法本身就旨在保护劳动者，尤其在中国

---

① 董保华：《〈劳动合同法〉修改中的观念调整与制度更新》，《企业家日报》2016年6月3日，第W03版。

② 谭立独（策划）：《一场没有硝烟的修法之战》，《工友》2017年第7期。

的场域中，就更具有绝对的“政治正确性”。但事实是否如此？对上述两种争论中的立场认定是否客观公正？现实中的问题究竟是何种情形？法律到底应起到何种作用？这一系列问题都不能简单对待，而应当分别观之，并区分不同问题分别评析。

毫无疑问，尽管近年来《劳动合同法》颇受质疑，但其积极意义也显而易见。比如，在该法施行之前，劳动合同制度有名无实，非公企业合同签订率不足20%，合同也不规范，劳动者权益难以得到保障[①]。而该法施行之后，劳动合同至少在形式上得到了较好落实。但是，一部丰富的劳动合同法应是旨在全面、公允、有效地调整劳动法律关系，而不能仅仅停留在满足个别形式意义上的落实。因此，客观、全面地看待各方声音与争论，对完善《劳动合同法》似乎更具意义。

即便是官方，近两年也有官员曾表示现行《劳动合同法》可能是存在问题的，劳动法对企业的约束，在立法和司法层面均有所体现，最终很大程度上降低了我国劳动力市场的灵活性，不利于提高全要素生产率，最终导致劳动力效率低；同时现行用工制度脱离劳动生产率，法律造成的扭曲，使生产力大量退出，对劳动者损害很大[②]。可见，国家层面也意识到《劳动合同法》可能存在的问题与缺陷，但是一部法律施行近十年，是否积重难返，尚不得而知。

有学者认为，与当年的《劳动法》相比，《劳动合同法》是沿着全面管制的方向，改造了此前《劳动法》中的相关规则，此种立法观念与方向转变不仅压缩了劳动关系双方当事人的协商自治空间，也对用人单位的用工管理自主权进行多方面限制，导致在个别劳动

① 谭立独（策划）：《一场没有硝烟的修法之战》，《工友》2017年第7期。

② 《楼继伟：现行劳动合同法不利于提高全要素生产率》，http：//finance. ifeng. com/a/20160219/14225648_ 0. shtml，最后访问日期：2018年1月3日。

关系中管制与自治的系统性失衡[①]。具体表现如下：①严格限制用人单位解雇权利与过度放任劳动者辞职自由的失衡；②全面静态书面化的法律要求与用人单位动态调整的失衡；③标准劳动关系与非标准劳动关系的失衡；④劳动力成本市场调节与政府调控的失衡；⑤劳动关系调整中经营成本与摩擦成本的失衡；⑥用人单位与劳动者争议解决成本的失衡；⑦用人单位照顾义务与劳动者忠诚义务的失衡；⑧劳动者奖勤与惩懒的失衡；⑨法律保护“一刀切”与分层分类适用的失衡；⑩刚性调整与弹性引导的失衡[②]。

就劳动合同而言，合同的最主要特征即意思自治，否则就无法称其为“合同”，而“相对性”又是合同的根本特征，因此，《劳动合同法》既然最主要的是规范劳动合同，那么当事人自治就应当是前提与基础。然而对此学界也存在分歧，有学者认为“《劳动法》的立法自由主义和执法虚无主义塑造了我国企业自由用工的惯性和短期思维”[③]；有学者却认为，“《劳动法》是计划经济刚刚打破时制定的，计划经济痕迹非常明显”[④]。所谓“自由主义”是批评我国《劳动法》自治过度，而所谓“计划经济”则是认为我国《劳动法》管制过度[⑤]。

可见，当前各界对我国现行《劳动合同法》的争论较大，围绕自治与管制、法治与强制、发展与压制，此种理念或观念之争在当下急速的社会变化与经济发展中成为基础与根本，中国劳动法的发展方向也面临艰难抉择。

---

① 董保华：《〈劳动合同法〉的十大失衡问题》，《探索与争鸣》2016年第4期。

② 董保华：《〈劳动合同法〉的十大失衡问题》，《探索与争鸣》2016年第4期。

③ 钱叶芳：《论我国无固定期限劳动合同研究的教义学偏离和制度调整》，《浙江学刊》2016年第6期。

④ 刘诚：《全球经济下行背景下劳动法之选择》，《探索与争鸣》2016年第8期。

⑤ 董保华：《我国劳动关系解雇制度的自治与管制之辩》，《政治与法律》2017年第4期。

二 《劳动合同法》实施现状

《劳动合同法》领域最值得深思的问题是，法律文本看似并无太多争议，条文基于通常理解其义自见，但是在进行法律解释时往往朝着苛责用人单位的方向而使原意修改甚至会违背法律初衷。在法律实施之时，很多条款被架空，取而代之的是行政管制手段。这使得法律本身所具有的可预期性基本丧失。尽管劳动者是一个群体的统称，但劳动者更是以个体形式出现，个体中自有善意、恶意之分，当法律充任“保护”恶意劳动者的工具时，表面上看起来仅仅牺牲用人单位利益，但事实上这同时是对善意劳动者的不公。易言之，如果一部法律无法惩恶扬善，那么毫无疑问，其可能就会丧失大部分的价值甚至重要价值。劳动法近年来实施状况堪忧，很多问题可能会成为下一步法律修改完善的突破口。

（一）劳动合同解除

劳动合同解除属于劳动关系动态变化中最为激烈的情形之一。我国劳动合同解除实行的是一种“法定理由”制度，这种“法定理由”分为正向的可以解除理由与反向的不得解除理由，用人单位须举证证明这两种理由同时存在，才允许解除合同。该法定解除规则，以一种公法方式，事先明确标准，直接介入解雇理由中，倾斜保护以一种非常强烈的干预方式来体现，基本上没有给双方当事人留下协商空间。换言之，用人单位的法定解除几乎被限定在一种“被架空”的状态，使得劳动合同解除条款沦为一纸空文。

在结束劳动关系的方式上，如果以管制和自治这两种制度元素进行配置衡量，改革开放40年来，我国大体经历了三个时期：改革开放初期分别配置于国有企业与外商投资企业；《劳动法》分别配置于解除与终止；《劳动合同法》分别配置于用人单位的解雇与劳动者的辞职。有学者认为，比之《劳动合同法》，《劳动法》的有关规定较为合理。劳动关系的动态和谐是在保持国家必要干预的前提下，充分发挥劳动力市场的引导作用，为劳动关系的内部协调创造前提条件①。试问，如果法定归属于用人单位的权利都无法行使，那么法律形式上规定此条又具有何种意义？这确实耐人深思。

（二）试用期

劳动法之所以规定“试用期”，意在将“试用期”与正式的劳动合同期限相区分，旨在通过一定期限的试用，使用人单位与劳动者在正式进入彼此紧密的“人身关系”之前得以彼此“试用”，是一个双向选择的关系与过程。《劳动合同法》中规定用人单位有权在试用期解除劳动合同的条款，即为第39条第1项，该项规定表述为“在试用期间被证明不符合录用条件的……”。事实上，实践中此条也基本上是一个被架空的条款，用人单位几乎很难运用该条行使自己的合法权利。通常在发生纠纷时，法院都要求用人单位必须明确告知劳动者有关工作岗位的职责要求，同时必须以可证明的方式证明劳动者知晓该职责要求。比如，北京市高级人民法院于2017年发布的《北京市高级人民法院、北京市劳动人事争议仲裁委员会关于审理劳动争议案件法律适用问题的解答》中第11条对《劳动合同法》第39条进行解释，指出“用人单位在录用劳动者时应当向劳动者明确告知录用条件，用人单位在解除劳动合同时应当向劳动者说

① 董保华：《我国劳动关系解雇制度的自治与管制之辩》，《政治与法律》2017年第4期。

明理由及法律依据”。“用人单位证明已向劳动者明确告知录用条件，并且提供证据证明劳动者在试用期间不符合录用条件的，可依照《劳动合同法》第三十九条第一项的规定解除劳动合同。”“就劳动者是否符合录用条件的认定，在试用期的认定标准可适当低于试用期届满后的认定标准。”

但是实践中在试用期用人单位解除劳动合同纠纷中，用人单位败诉占绝大部分，劳动者往往都以自己并未签字为由声称并不知晓工作职责要求而进行抗辩，用人单位也往往无法提供由劳动者签字的工作职责描述文件。近年来国内总体就业形势并不乐观，专业人才的竞争就更为激烈，很多有前景的行业以及高薪职位往往是数十人乃至上百人竞争。试问，在如此情形下，哪一个用人单位在招聘劳动者之时不告知对方有关工作职责要求？而劳动者又是在不知晓工作职责要求的情况下“盲目”应聘并签订劳动合同？即便用人单位无法提供有关工作职责描述的签字文件，公开发布的招聘条件也往往不可能铺陈巨细，但基于一种常识推理，也可知劳动者所谓完全不知晓工作职责应当是一种违背诚信的行为。然而，现实中如若发生纠纷，有的劳动者在得知司法实践中的做法之后，便矢口否认知晓工作职责要求，往往能够得到人民法院的支持，获得胜诉。此种基于司法实践中“一刀切”的简单粗暴处理方式，更激发了恶意劳动者的“逆向选择”，使得用人单位和善意劳动者都可能遭受伤害。

事实上，在实践中确实存在有的用人单位利用试用期条款而刻薄对待劳动者的情况，如保安、保洁员等较为简单的重复体力劳动工作，这些工作岗位多是用人单位恶意解除劳动合同。但是对于很多需要技术和专业知识的岗位，实际上用人单位与劳动者需要更多的“信任基础”，在试用期结束之时，双向选择无可厚非，如果机械地要求劳动者必须签字才属于知晓，毫无疑问会使法律偏袒恶意利用该条款的劳动者。因此，该试用期条款已经在实践中完全被架空。尤其是人民法院在判断证据之时，应当区分不同工作类型与不同劳动者特性来判断案件的真实情况，否则很容易滑入“简单机械论”的泥沼。

（三）继续履行劳动合同

继续履行劳动合同往往是用人单位在行使法定解除权或约定解除权时，劳动者会主张的诉求之一。有学者对 2014～2016 年全国劳动者要求继续履行劳动合同案件进行了统计。基于对上述案件统计情况的分析，有学者大致得出以下结论。

第一，2014～2016 年，法院认定的“合法解除”使得用人单位主张“不继续履行劳动合同”的胜诉率分别提高了 15%、16.1%和 20.8%，该影响因素的权重呈逐年上升趋势，但实际上《劳动合同法》第 48 条中“违反本法”的概念尚处于争议之中。因此，只有尽快厘清法条中“违反本法”的概念，才能为全国法院提供认定用人单位“合法解除”与否的判断标准，保证判决结果的公正性。

第二，即使法院认定用人单位解除劳动合同的行为“违反本法”，劳动者也仍然面临因“劳动合同已经不能继续履行”导致 33.7%～41.4%的败诉风险，因此，法院有关“劳动合同已经不能继续履行”的判断标准，是否具有合理性尚待考察，唯其如此，才能从根本上完善继续履行劳动合同制度，发挥其作为首要救济方式的保护效果[①]。

---

① 李宇雯：《继续履行劳动合同制度实证研究——以 2014～2016 年全国法院判决为例》，北京大学硕士学位论文，2017。

有学者研究“继续履行劳动合同”判决后认为，全国法院审判标准差异较大，“同案不同判”现象明显，对“继续履行劳动合同”“违反本法”“劳动合同已经不能继续履行”等认识并不一致。通过上述关于“继续履行劳动合同”判决的实证研究可见，之所以会出现“同案不同判”，主要是因为法官对基础概念的理解存在较大差异，之所以出现差异，可能是由于预设立场与结果，从而对基础概念的理解偏离常识、理性轨道，因而使案件公正性存疑，长此以往，必将影响法律权威性与司法公信力。

（四）劳动仲裁

劳动仲裁机构的建立主要是强调其社会性，“客观第三方”是劳动争议仲裁处理的最大特点。但是实践中，劳动争议案件主要由劳动行政部门主导，类似以“息访息诉”等行政化方式对待问题、解决问题，此种行政化色彩，使劳动仲裁丧失了相对独立性、准司法性和社会性等特性，也使仲裁委员会的运行呈现事实上的行政化状态，由此产生劳动争议仲裁的“行政化”现象。

事实上，在中国劳动纠纷仲裁实践中，因其具有明显的“行政化”和“诉讼化”特征，偏离了替代性纠纷解决机制（Alternative Dispute Resolution，ADR）本身的“社会化”和“实体化”制度初衷，导致劳动仲裁效率低下，无法实现其应有作用。一方面，行政化使得仲裁丧失其本应有的第三方社会化机构的特性；另一方面，“先裁后审”以及诉讼化特征，导致裁审发生冲突。在一项调研中，对四川、上海两地所做的随机调查问卷统计结果显示，在问及“劳动争议处理中，你对仲裁机构的看法时”，在2869人的受访者中，高达37.5%的人选择“应该提高仲裁机构的社会性，增强争议处理公正性”；另外16.4%的人选择“仲裁过程时间长，缺乏效率”；17.4%的人选择“仲裁裁决效力低，缺乏权威性”；只有19.1%的人认为“能够公平、快速、有效地解决纠纷”①。可见，公众对劳动纠纷仲裁作用的评价并不高。

由于劳动仲裁所具有的前置性特征，大量案件均在劳动仲裁阶段解决，但我国劳动仲裁比之法院审理劳动案件，其专业性大打折扣。在上述“继续履行劳动合同”的720个案件中，以“一裁两审”结案及上诉至最高人民法院结案的案件数量达到了514件，占案件总数的71.4%②。以仲裁结案的案件数量少之又少，仲裁的作用已受到质疑，也大有浪费司法资源、行政资源之嫌。

另外值得关注的是，仲裁裁决文书不公开也会影响案件实质、公正审理。裁判文书公开之意义，不仅在于“公开”可以倒逼法官提高专业性、发挥监督、促进公正等，更重要的意义在于人们可以通过裁判更加理解法律规则的真实内涵与实践运行。而我国劳动仲裁法律文书却并不公开，这会导致：一方面人们无法了解劳动纠纷解决之要点与法律规则的基本运用；另一方面可能会给很多错判案件做了“掩护”，只要判决劳动者胜诉，即符合政治正确性，专业性则退而求其次。这也是劳动纠纷案件的专业性与科学性受质疑的重要原因之一。

（五）劳动群体争议

基于“劳资纠纷”引致的群体性事件在我国已不容忽视。中国

---

① 宋登科：《试论我国劳动仲裁制度的内在缺陷与完善》，华东政法学院硕士学位论文，2007。

② 李宇雯：《继续履行劳动合同制度实证研究——以2014~2016年全国法院判决为例》，北京大学硕士学位论文，2017。

社会科学院法学研究所的一份调研报告指出，“劳资纠纷”是导致千人甚至万人群体性事件的主因，在此类群体性事件中占比达36.5%。该项调研显示，劳资纠纷是当前公民与社会组织矛盾的主要原因，在“公民与社会组织间引发群体性事件的原因中”，劳资纠纷是社会矛盾最集中和最尖锐的方面，共267起，占69%。[①] 有学者认为，我国劳动领域的群体争议也呈现“法律评价上的高否定”与“社会现实中的高容忍”等特点[②]。

同时有学者认为，劳动争议与群体争议出现错位。当前我国劳动争议呈现劳动法制框架内的集体争议与劳动法制框架外群体争议逆向发展的状况。一方面，法制框架内的集体劳动争议数量减少。因履行集体合同很少发生争议，据《劳动争议调解仲裁法》第7条规定“发生劳动争议的劳动者一方在十人以上，有共同请求的，可以推举代表参加调解、仲裁或者诉讼”的争议，在2008年后呈现总体下降之势。官方统计数据显示（见表1），这类争议的数量与涉案人数在2008年达到21880件、502713人的峰值后基本呈现回落态势。至2013年，全国因共同请求而推举代表参加仲裁的争议案件数与涉案人数分别下降至6783件、218521人，较2008年均减少一半以上；另一方面，法制框架外的集体停工和群体性事件数量激增。2011~2015年发生的权利争议在数量上大幅上升（见表2），欠薪作为一种典型的权利争议成为其中最主要的争议[③]。

① 中国社会科学院法学研究所法治指数创新工程项目组：《群体性事件的特点、诱因及其应对》，载李林、田禾主编《中国法治发展报告（2014）》，社会科学文献出版社，2015，第279~281页。

② 董保华：《劳动领域群体争议的法律规制》，《法学》2017年第7期。

③ 董保华：《劳动领域群体争议的法律规制》，《法学》2017年第7期。

表1 2008~2014年我国集体劳动争议案件数（劳动仲裁）

单位：件

年份	案件数	年份	案件数	年份	案件数	年份	案件数
2008	21880	2010	9314	2012	7252	2014	8041
2009	13779	2011	6592	2013	6783		

资料来源：参见弘文总编《中国劳动统计年鉴2015》，中国统计出版社，2016，第344~345页，转引自董保华《劳动领域群体争议的法律规制》，《法学》2017年第7期。

表2 2011~2015年我国工人群体性事件统计

单位：件

年份	2011	2012	2013	2014	2015
事件数量	185	382	656	1379	2773

资料来源：China Strikes，http：//chinastrikes. crowdmap. com，转引自董保华《劳动领域群体争议的法律规制》，《法学》2017年第7期。

有学者根据相关实证研究指出，用人单位对市场作用的反映是，民营企业发展的同时群体争议增加，“国进民退”的同时群体争议并未减少；同时劳动者对市场作用的反映是，经济水平提高时群体争议增加，经济水平下降时群体争议并未减少①。可见，所谓以企业身份和经济水平等标准来判断劳动者保护程度并不客观，但提示我们更应该做一个有关法治水平以及劳动法质量标准与劳动者保护之间关系的实证研究，如此更可能分析出法律在劳动保护中所起的作用。

三 构建顺应新时代发展的劳动合同法

用人单位与劳动者“共生共存”、实现“共赢”，这才是劳动法的初衷与追求目标。与其他法律相比，劳动法更应该是“活的法

① 董保华：《劳动领域群体争议的法律规制》，《法学》2017年第7期。

律”，更旨在关注用人单位与劳动者之间的平衡关系，而当下《劳动法》和《劳动合同法》俨然成为一种“纸面上”的法律。法律文本给用人单位课加了诸多义务，在法律解释之时往往会使此种义务更趋严格，用人单位对自身义务的认识以及理解与法律文本的规定存在普遍性差异，甚至是“鸿沟”，因此法律在实施之时就存在诸多不适之处，此种做法无异于“杀鸡取卵”，在很多时候也无法真正保护劳动者。“皮之不存，毛将焉附”，这是一个最基本的道理，如果无法实现“共生共存”，而令用人单位无法生存下去，毋宁说劳动法，就连劳动关系可能都不复存在。

尤其在当下以及未来，人们所面临的是所有人都可能会丧失就业机会的人工智能时代。与此相类似的是，即便是在当下可实现全面机械化的时代，国家尚且为保证劳动者就业并未实现全面机械化，以取代一些劳动密集型行业的就业机会，何况在我们可能都面临的全面人工智能时代？除非“劳动机会”成为一个假命题，否则任何人都需要考虑能否再有“劳动”的机会和能力。因此，与其在用人单位和劳动者内部，以国家强制力“粗暴干预”而使二者“强制平衡”，不如真正考虑一下在即将到来的全面人工智能时代，如何在技术发展与更新之时更好地保护劳动者，如何分类型、分行业设置就业机会。

基于如上分析，《劳动合同法》所体现的问题，并不单单是《劳动合同法》自身的问题，即便修改《劳动合同法》的法律文本，很多问题可能也很难从根本上解决。对此，更应旨在实现社会保障制度的全面完善，“国家—企业—劳动者”所形成的三角关系才能更加坚实和稳定。

中国劳动者过度保护的迷思与澄清

栗燕杰*

摘　要：在企业和经济学界，有不少人持中国劳动者过度保护的观点。通过对中国劳动者保护在体制机制、执法能力、新型劳动关系、侵权特点等方面的剖析研讨，本文认为劳动者保护的总体现状是严重不足而非过度。“过度说”之所以盛行，存在企业自身、个别劳动者和公权力行使等方面的深层次因素，其中公权力在促进经济发展和维护社会稳定之间左右摇摆，导致“按闹分配”不同程度存在。为进一步实现劳动者权益保护并促进劳动关系的深层次和谐，建议从立法、监察执法、信息化、法治宣传等方面改进完善劳动者保护制度。

关键词：劳动关系　过度保护　劳动法治

一　导论：“劳动者过度保护”说法的由来——变迁与回溯

自 2008 年《劳动合同法》出台以来，经济学界、企业界和法学

* 中国社会科学院法学研究所副研究员。

界均有人提出，中国的劳动者保护已经过度，带来了劳资之间的不平衡。在劳动法的执行方面，似乎出现如此图景：本应处于“强势地位”的用人单位动辄得咎，受到《劳动法》《社会保险法》等一系列法律法规的过严规制，带来用人成本的居高不下；而传统上处于“弱势”的劳动者却挟法律之支持，部分“刁民”甚至依法“为难”用人单位，甚至构成对用人单位的“反剥削”。对此，企业叫苦不迭，学界也认为这会影响地方经济发展和国家安定。

然而，这一切，是真的吗？中国的劳动者保护，果真矫枉过正了吗？中国的《劳动法》《劳动合同法》及相关法律，是否到了应当作出偏向用人单位的修订以重新形成劳资关系平衡的地步？事实并非如，中国的劳动者保护，非但未过度，恰恰相反，还远未到位，中国的劳资关系，仍需继续偏向劳动者一方的矫正。

二　为何中国的劳动者保护远未到位？

（一）体制难题尚未破解，木桶短板效应严重

作为监督用工单位合法使用劳工的机制，劳动监察不仅存在执法力量薄弱问题，而且面对纷繁复杂的现实问题，与相关部门交叉重叠或留有空白死角的问题亦十分突出。

表面上看，中国的劳动保护已形成多元体系。包括工会在内的群团组织与政府人社、劳动、公安等多个机关连同检察院、法院一起，共同构成劳动保护的大网。但劳动保护仍存在不足。一些主体的定位存在偏差，其典型为工会。综观各国，包括美国的劳联—产联、法国的五大工会、波兰的团结工会等，均以改善劳动者工资福利待遇和劳动条件为己任，并经常向企业施压。中国工会既代表劳

动者利益，还负有化解矛盾纠纷的职责，工会功能定位的多元，势必会影响甚至弱化其维护劳动者权益的功能。

在劳动违法方面，谁来打击违法行为？如何有效打击违法行为？以许多地方泛滥的黑中介为例，对其查处公安、工商、劳动等部门存在扯皮现象。在劳动监察领域，行政执法与刑事司法的衔接仍远未到位。虽然涉及劳动保护已有《刑法》条文和司法解释[①]，但仍有不少构成犯罪的侵犯劳动者权益现象，未能及时追究刑事责任[②]。

司法裁判存在缺漏，同案不同判现象凸显，未能发挥应有作用。无论是达到法定退休年龄的劳动者用工的法律关系认定，还是进城务工人员是否加入工伤保险，抑或加班工资的计算基数，各地的地方法规规章和实际执行情况迥异。

（二）执法力量薄弱，难适应执法需求剧烈上升态势

劳动保障监察执法需求量显著上升，现有监察执法能力无法匹配。“大众创业、万众创新”与商事登记制度改革带来的企业数量激增，导致劳动保障监察执法的对象数量大幅增长，同时，经济形势变化、去产能、国家形势导致企业经营困难带来的违法、不当用工行为上升，以及侵犯劳动者权益行为的激增。这些因素都意味着劳动者权益暴露于更加脆弱的环境，对劳动保障监察执法提出了更大规模、更高能力的需求。与此同时，中国劳动保障监察执法队伍、装备、经费均基本上原地踏步，与执法需求的提升形成鲜明对比。

中国劳动监察执法力量相对薄弱，大量依赖协管人员，在一些

---

① 2011年，《刑法修正案（八）》将符合条件的恶意欠薪行为入罪。但现实中“欠薪的多，入刑的少”。每年年底的农民工讨薪仍在媒体上屡见不鲜，政府协助讨薪则是政府工作的“规定动作”。

② 参见《恶意欠薪入刑6年　刑法手段使不上劲　现实之困如何解决》，《工人日报》2017年2月23日。

发达地区，还出现劳动监察协管流失严重的问题。以上海为例，由于经费不足、待遇较低，协管人员规模不增反减。

虽然有些劳动者对法律的理解把握水平有所提升，从事劳资纠纷的律师、法律工作者队伍有所壮大，但整体上，劳动者对相关法律的知晓度低、应用能力差，仍是普遍现象。

用人单位的劳动法治意识较为淡薄。一些用人单位在口头上、文件中故意误导乃至诓骗劳动者的现象屡见不鲜。比如，笔者 2017 年与一些进城务工人员座谈发现，单位培训时告知他们，上下班途中遭遇交通事故的不算工伤。

（三）新型业态层出不穷，环境总体不利于劳动者保护

随着互联网的普及，共享经济日渐勃兴。以腾讯、百度、淘宝等为代表的一大批互联网企业迅猛发展，给人们生活带来极大便利，也带来了新的用工方式和就业模式。这种新的方式，以传统的劳动者保护制度机制来生搬硬套，难免刻舟求剑。一些互联网企业，允许员工在家办公；诸如滴滴打车等企业，通过平台机制发布信息促成交易。

灵活的就业方式，对互联网经济、共享经济的发展起到强大促进作用，也给企业带来了新型盈利模式。但从劳资关系的角度看，新型用工模式显然给劳动保护带来严峻挑战，劳动者保护的空白缺漏凸显。饿了么、美团等，以及圆通、申通等快递公司，其外卖的骑手、快递员，滴滴打车平台上的快车司机，尚未完全纳入劳动关系规范。也由此，无论是劳动监察执法还是仲裁、调解和司法审判，均可能面临无法可依或虽有法可依但出现规定不合理的情形。比如，一些大型涉互联网企业为跨国公司，在国内外均有大量员工，则可

能产生境内外劳动者的同工不同酬问题。是否应予以处置？如何处置？这些都是传统劳动法领域中未得到充分关注的话题。

在宏观层面，去产能等政策因素对劳动者保护较为不利。中国在钢铁、煤炭等领域针对产能过剩实施的改革给本身和上下游行业带来巨大的职工分流压力，2016 年以来已有鞍钢、萍乡矿业等企业发生多起群体性劳资纠纷，且有不断激化之势。特别是与传统的劳资纠纷通常高发于民营企业、外资企业不同，去产能导致国有企业的劳资纠纷呈剧增态势。

大众创业与万众创新虽然有利于激活社会活力，为经济再腾飞提供动力，但也必须看到，它一方面带来公司登记、注销的便利化，也由于配套制度机制尚未到位，可能影响了劳动者保护的效果；另一方面，在客观上导致劳动关系的灵活化、短期化、非正式化，有相当比例的创业、创新无果而终，甚至以失败告终。其结果是，难免造成工资薪酬拖延、社会保险费欠缴等侵犯劳动者合法权益的现象。

经济形势波动，特别是经济下行造成侵犯劳动者权益现象多发。在经济下行时，往往出现群体性、行业性的企业经营形势恶化。特别是国际经济形势的发展，给中国相关产业和劳动者保护均带来巨大消极影响。一方面，在世界经济复苏总体疲软、国际市场需求乏力、新型经济体发展放缓、地缘政治冲突加剧的背景下，以出口为主要业务的企业订单大幅减少，缔约方违约率上升。另一方面，自 2010 年美国保持多年的世界领先制造业大国地位被中国取代，国际上贸易保护主义抬头带来消极影响。在国际金融危机之后，美国力推制造业回归计划，对回归企业给予力度很大的优惠措施。高端制造业特别是美资企业从珠三角等地悄然撤退或者实施回流计划，

2018 年以来开始的贸易战更是雪上加霜。在此背景下，一些企业陷入临时性困境甚至长期经营不振状态。既有一些企业主表露出弃船心态，选择关停躲债，也有企业在经营困难、资金紧张时，首选拖欠职工工资、解除劳动关系，其间降低职工工资、削减劳动者福利，乃至裁员关停，都极易发生劳资纠纷，并波及上下游产业。即便东窗事发，劳动监察部门依法作出决定，也因缺乏可供执行的资产，难免导致劳动者权益落空，行政处罚停留在纸面。

进城务工人员的劳动者保护，本来就存在诸多欠缺。工伤保险也不能保障，这并非个别地区、个别领域所存在的现象。笔者所参加的项目组在多地调研，均发现建筑工地农民工未参加工伤保险的情况较普遍。仍有一些特殊群体未纳入劳动者保护之中，或者甚至根本未被视为劳动者。对于退休人员以及超过退休年龄仍处于劳动岗位上的劳动者，劳动者保护制度严重缺漏。

（四）侵权争议自身特点客观上导致对劳动者不利

劳资纠纷中，一些工资、加班费的争议，单个看数额不大。劳动者如果聘请律师，不仅要耗费大量时间，而且金钱成本较高，结果是得不偿失。

司法处置环节多旷日持久，一般劳动者“耗不起”。部分用人单位存在程序滥用，恶意提起仲裁、一审、二审、再审，明知自身存在违法理应败诉也将程序走完耗尽，拖延劳动者权益的实现。另外，由于单位规章制度不健全，劳动者证据保留意识的缺乏导致的举证困难，也给劳动者权益的实现带来重重障碍。恶意欠薪入刑后，2015 年最高人民法院等四部门联合下发了《关于加强涉嫌拒不支付劳动报酬犯罪案件查处衔接工作的通知》，要求劳动行政部门将恶意欠薪的犯罪线索移送公安机关时需要提交7类材料。在实践中涉案的书证、物证等有关涉嫌拒不支付劳动报酬的证据材料很难提供①。

三　“过度保护”之说的合理性：硬币的另一面

如前文所述，劳动者保护存在体制、法制、机制的诸多缺漏，劳动者权益暴露在重大风险之下。那么，为何许多企业还感叹对劳动者保护“过度”，甚至要求修改法律、保护企业权益呢？事实上，由于各种因素，企业确有成为受害者的情形，制度实施扭曲变形更不容小觑。对此，可从劳动者、用人单位、政府三方面加以考察分析。

（一）关于企业：自身行为不当遭受不必要损失

为何一些企业发出“过度保护”的哀鸣？这与企业自身规章制度不健全、法治意识淡薄、争议处理能力低下密切相关。这在许多私营中小企业中较为突出。一些用人单位认为劳动规章可有可无，对员工行为并无规章制度可规范，一些用人单位唯老板之命是从。例如，关于劳动者主动拒绝签订书面劳动合同，或主动拒绝参加社会保险如何处置，不少用人单位选择“尊重”其意愿，事后一旦劳动者反悔举报或投诉，用人单位往往遭遇不必要损失。缺乏对《劳动法》《社会保险法》相关法律制度强制性的充分认识，使得用人单位法律风险严重，遭遇处罚或败诉后怨天尤人，抱怨劳动者保护过度。其背后显然是企业自身规章不健全，法治意识淡薄，保护过度只是其感觉而非真相。

---

① 《恶意欠薪“入刑”要攻克证据关》，《法制日报》2017年2月24日。

（二）关于劳动者：存在滥用规则“以闹分配”

应当承认，个别劳动者滥用权利，“以闹分配”现象不同程度存在。当前劳动者日渐注重生活质量，对工资按时足额发放的要求提高，对拖延、分批发放容忍度下降；更加关注后顾之忧的免除，对于养老、医疗、工伤等社会保险权益重视程度空前提升。随着国家劳动、社保法制不断走向健全，普法力度不断加大，劳动者的法律意识和维权能力显著增强。但与此同时，一些劳动者对劳动、社会保障领域的法律政策存在片面理解，甚至被误导，往往诉求过高或出现滥诉，甚至采取极端方式讨薪，恶意讨薪。有劳动者故意不签订劳动合同、不缴纳社会保险费，事后主张经济补偿金和双倍工资。

近年来值得关注的一个现象是，劳动争议的群体化及政治化倾向，政府、法院在处置中则表现出“按闹分配”倾向。部分劳动争议涉及人数众多、问题复杂、对抗性强、处理难度大，容易引发社会稳定层面的问题。一些劳动者在利益性诉求之外提出了更高的权利性乃至政治性诉求。

（三）公权力行使：发展、维稳与维权之间的失衡

经济发展考虑压倒维权效果。在企业信用体系建设背景下，一些地方政府担心给企业留下案底，影响其后续的上市，也会对一些在其看来不太严重的劳动违法刻意不采取行政处罚措施。

维稳考虑妨碍维权效果。对此，部分政府机关本着“稳定压倒一切”的思路，“和稀泥”倾向严重，用人单位的权益缺乏制度性保障。必须清醒地认识到，对弱势群体的保护，应当受到法

治约束，在分析和处理具体事件时应始终坚持法律面前人人平等的原则[①]。过于简单、短视地从稳定出发的结果，虽然在一时化解了特定纠纷，但会带来多重损害。第一，如许多企业经营者所反映的，此类做法存在“过度”之嫌[②]，侵犯了用人单位的合法权益。第二，损害了法律规范的权威性。罔顾强制性法律规范的妥协让步，侵犯了法律的权威性，客观上构成违法行为。第三，带来不良示范效应。“榜样”的作用是无穷的。对于其他劳动者而言，与其依法依规投诉、申请仲裁、诉讼，显然不如以影响稳定、吸引眼球的“跳楼讨薪”“堵路讨薪”等方式会使诉求到位更快，这必将引发更多的劳动者走上法治之外的维权之路。第四，严重损害当地营商环境，导致已入驻当地的企业产生恐慌，并将妨碍之后的招商引资。其可谓图一时之维稳、损长久之公共秩序。

从更宏观层面看，一些政府机关在执法和处置争议时，法治思维较为缺失，既存在无原则调和的倾向，又对违法行为缺乏足够制裁。其结果是违法行为成本低而获益高，守法成本高而获益少甚至“吃亏”反常的现象。无论劳资双方，均存在此种现象。其结果是，劳动者认为政府“过度”偏向用人单位，用人单位认为政府“过度”偏向劳动者。而拼接起来完整的图景是：政府偏向不遵守规则又气势汹汹的主体。正如民间所调侃的，“小闹小解决、大闹大解决、胡闹胡解决”的内在逻辑是摆平思维在作祟。

---

① 参见苏力《弱者保护与法律面前人人平等——从孕妇李丽云死亡事件切入》，《北京大学学报》（哲学社会科学版）2008 年第 6 期，第 11 页。

② 对此，本文认为此种语境下“过度保护”存在以辞害意，与其认定为过度，不如认定为罔顾法律制度的维稳之举。其出发点、落脚点均不是保护劳动者合法权益。

四　结语：加强并完善劳动者权益保护的理性思考

中国劳动法明确了“倾斜保护”的原则，对于劳动相关立法、行政执法和争议解决均有指导意义。也因此，一些经济学家、企业主提出劳动保护过度的主张。对此，如何真正保护劳动者权益？应特别注重两方面。一是规则之治。一方面，劳动者权益的边界、保护和侵权救济，端赖于在规则层面予以明确。如果本身就边界模糊，各方势必角力以外拓或限缩。另一方面，规则必须普遍、强制适用。无论劳资纠纷个体或群体，涉及国企、私企或企业大小，无论是重点工程还是乡村建房，均应依规则处置。二是劳资深层次和谐共赢。深层次和谐并不排斥纠纷，事实上纠纷的发生和良好处置，对于劳动者、用人单位都是生动的普法教育。

健全劳动法律体系，避免制度规范冲突打架。在新时期、新常态背景下，要强化劳动保护首先要在规则层面实现“良法”，才能落实“善治”。要加强法律修改。对于严重滞后和不合时宜的法律规定，应当及时予以全面修改、废止。对于各类新型用人形态和不断出现的新问题新矛盾，应及时立法予以规范。通过法律修改，应实现劳动法律制度内外的协调统一。

建立完善监控预警系统，提升日常监管掌控能力。江苏省江阴市等地的劳动保障监察预警分色系统的经验做法，值得推广复制。江阴市构建的劳动关系预警监督指挥系统，系依托人社部门的金保工程信息体系，整合监察、社保、就业、仲裁等数据，接入工会、公安、工商等相关部门数据，全方位掌握了全市用人单位的基本信息。通过对用人单位的定时巡查、定期摸底和信息采集，一旦出现异常信息则自动预警，并触发指令给辖区的相关工作人员及时进行处置，做到对违法用工行为和可能风险的日常掌控，避免执法机关“一抹黑”。

加强日常监督检查，处置关口前移。劳动保障监察等部门实现从“救火队员”向日常监督员的角色转换，防患于未然。对于企业用人规章制度、合同文本、习惯做法中存在的苗头性、潜伏性问题，在日常监管中通过行政指导、预警提示等举措，促进用工行为的依法规范。劳动保障监察部门在加大对违法行为制裁力度的同时，还应本着“治未病”思路，着力于完善企业自身规章制度，规范企业用工制度机制，尽可能避免劳资风险的发生。

加大执法力度，用足用够各类法律措施。对于企业用工的违法行为以及不配合劳动保障监察的，除责令改正、纠正之外，还应落实法律法规设置的罚款、公开等制裁措施，以法律利器保障劳动者合法权益。在此特别值得一提的是，对企业的用工违法行为和处罚决定，应依法予以公开公示。有必要严格落实《企业信息公示暂行条例》的有关规定，并考虑通过网络、两微一端、系统平台等将多种传统、现代方式相结合，增强公开公示的实效性和震慑力，使得劳动者就业绕道而行，企业高管以就职于劳动保障监察违法企业为耻，银行、金融机构不再贷款授信给存在用工违法行为的企业。对于用人单位的恶意违法行为构成犯罪的，还应做好劳动保障监察行政执法与刑事司法的良好衔接。有必要用足用够刑事手段，以严厉打击恶意欠薪，通过刑事责任追究，达到加大违法成本、发挥震慑效果。

加强信息共享与执法合作，形成联动衔接合力。劳动者权益保护，并非劳动保障监察一家之事。特别是在执法力量相对薄弱而执法任务快速增长的背景下，既需要工会、税务、社保等多个相关部门形成合力，也需要社会各界的广泛参与，提升监察执法的瞄准率与精准度。这需要劳动保障监察部门与其他机关、单位的合作。

将劳动者权益保护与构建和谐劳动关系有机统一。积极采取多种措施挽救临时陷入困境的企业，形成依法维权与服务发展的最大合力。劳动保障监察并非仅仅以制裁惩罚为能事，而最终应通过执法监督和责任机制，保护好劳动者的合法权益并助力企业守法良性运行。因此，劳动保障监察还应注重类型化处置，既要对恶意违法用工、恶意欠薪的企业主予以严厉制裁，又要对临时陷入困境、暂时无力支付薪酬提供福利的企业，兼顾好执法与救助，避免给经济发展带来不必要的消极影响。

劳动法治宣传全面客观，形成全民守法的理性维权氛围。传统的展板、宣传单等普法机制，由于只言片语、片面性强，客观上可能导致劳动者的以偏概全、偏听偏信等问题。对此，有必要通过更加全面、系统、有针对性的法制培训教育，提供专门法律服务。一方面，促成企业守法，最大限度减少规模性侵权；另一方面，让劳动者树立更为理性的维权观，最终形成劳资双赢的局面。

【论文】

“以公开为常态、不公开为例外”的实施困境与实现路径

张庆广*

摘　要： 政府信息公开是一个系统工程，其范围和程度随着经济社会文化的发展而逐步推进，目前最重要的是要修正对“以公开为常态、不公开为例外”原则的简单理解，回归到将之作为一种理念或“目标+原则”的思路。

关键词： 信息公开　常态　例外

“以公开为常态、不公开为例外”，按照不同的语境和逻辑，对其会形成不同的认识，进而影响政府信息公开工作推进的进程，使其成效大打折扣，甚至可能导致“沉默的大多数”对政府产生失望情绪，损害政府公信力。影响和制约信息公开范围和程度的关键因

* 国务院办公厅政府信息与政务公开办公室工作人员。

素是理解“以公开为常态、不公开为例外”的内涵与外延，解决好这个“纲”的问题，才能“纲举目张”，打破政府信息公开领域的瓶颈问题，也将为党务公开、政务公开、政务服务和政府数据开放与共享等相关领域的类似问题提供借鉴。

一 “以公开为常态、不公开为例外”的渊源

《政府信息公开条例》（以下简称《条例》）是我国第一部有关信息公开的行政法规，其颁布对我国法治政府建设具有里程碑意义，作用有目共睹，但其中并未提及“以公开为常态、不公开为例外”。中共中央办公厅、国务院办公厅印发的《关于深化政务公开加强政务服务的意见》，首次明确了政务公开流程、手段、方式等应“以公开为原则、不公开为例外”。

“以公开为常态、不公开为例外”源自美国。美国信息公开制度虽自有其发展脉络，但同样是逐步推进而非一蹴而就。最早的《管家法》关于文件是否公开，要求在无其他法律规定时，由行政机关长官自定。这样的公开模式，完全由行政权主导。随着社会进步与发展，1946 年美国制定《行政程序法》，规定公众有权得到政府文件，但同时也面临限制，政府可凭“公众利益”“国家安全”等理由拒绝公开相关文件。此时，相关公开制度模式已从行政权控制模式转变为一种信息应公开模式。1966 年美国制定《信息自由法》，实现了质的飞跃。该法明确提出政府信息“以公开为常态、不公开为例外”原则，并不再使用“正当理由”“公众利益”等模糊概念，进而明确列举外交与国防政策信息等九类不予公开事项。这九类例外包括：保密文件，机关内部人事规则与制度，根据其他法律作为

例外的信息，商业秘密与商业、财务信息，政府的内部联系，个人隐私，执法文件，金融制度和地质信息[①]。

许多国家和地区关于政府信息公开的立法，受美国《信息自由法》的影响，多以列举方式明确规定何为不予公开的信息，主要是涉及国家秘密、部分个人信息、商业秘密、可能损害国际关系的信息、可能损害行政或者刑事执法的信息、处于审议过程中公开可能影响正常决策或者造成不必要社会混乱的信息等。一般情况下，不规定主动公开范围，但政府机关需要切实担负举证责任，证明不公开材料确属例外。比如，英国共列举了23项不公开信息，其中包括无条件不公开信息和有条件不公开信息。所谓无条件不公开信息是指，无须行政机关进行利益衡量而绝对地免除其公开义务的信息；所谓有条件不公开信息则是在决定不提供之前，必须经过公共利益检验程序，只有当不公开所获得的利益大于公开所获得的利益时，才能可以不提供[②]。

二　“以公开为常态、不公开为例外”在《条例》中的体现

关于《条例》与“以公开为常态、不公开为例外”的关系，主要说法有三种。第一种认为：《条例》实行政府信息公开的范围，是“以公开为常态、不公开为例外”原则[③]。《条例》虽然没有明文规定“以公开为常态、不公开为例外”原则，却从两个方面保证和体

① 参见周汉华主编《外国政府信息公开制度比较》，中国法制出版社，2003，第58~66页。

② 参见吕艳滨《信息法治：政府治理新视角》，社会科学文献出版社，2012，第173页。

③ 参见唐银亮《论我国〈政府信息公开条例〉适用问题的司法救济》，北大法律信息网，http：//www.pkulaw.cn/fulltext_ form.aspx？Gid=335589730，最后访问日期：2018年3月3日。

现了这一原则。一方面，《条例》规定了主动公开的基本要求和公开的内容，也规定了各级政府主动公开政府信息的重点，还规定了公民、法人和其他组织可以依法申请公开的信息。另一方面，也规定了政府信息涉及国家秘密、商业秘密和个人隐私的不能公开，除此之外，都可以公开。第二种认为：政府信息公开的范围，是依法公开原则，不是“以公开为常态、不公开为例外”。《条例》没有规定“以公开为常态、不公开为例外”。无论从文字、逻辑还是从精神、发展阶段等方面看，都没有确立以公开为原则的内容[①]。第三种认为：当代各国在信息公开制度上，通常将“以公开为常态、不公开为例外”作为一项默认原则[②]。笔者认为，我国从制度设计、法律逻辑、例外信息的明确性以及举证责任的分配上都和作为原则的“以公开为常态、不公开为例外”在内容上存有冲突，在逻辑上存在不一致的情形。

应当说，如将“以公开为常态、不公开为例外”视为公开工作的一种原则，那么《条例》并未采纳该原则。具体理由有以下三个方面。

第一，《条例》的法律逻辑与该原则并不完全一致。《条例》在规定我国政府信息公开的范围时，可选择列举法或概括法。列举法是指行政机关在界定信息公开例外范围时，详细列举出哪些信息是信息公开的例外事项。概括法是指法律对政府信息公开例外范围进行简单的概括，划定大致的范围。列举法分为肯定列举法和否定列举法。概括法也分为肯定法和否定法[③]。《条例》采取了肯定列举法，其第9条规定：涉及公民、法人或者其他组织切身利益的；需

① 参见杨小军《政府信息公开范围若干法律问题》，《江苏行政学院学报》2009年第4期。
② 参见王锡锌《政府信息公开语境中“国家秘密”探讨》，《政治与法律》2009年第3期。
③ 参见石国亮《国外政府信息公开探索与借鉴》，中国言实出版社，2011，第51~52页。

要社会公众广泛知晓或者参与的；反映本行政机关机构设置、职能、办事程序等情况的；其他依照法律、法规和国家有关规定应当主动公开的。本条列举了四个方面为行政机关应主动公开内容。第 10 条至第 13 条则列举了 23 类为政府及其部门应重点公开内容。而对于不予公开的范围，《条例》则采取了否定概括法，其第 8 条规定："行政机关公开政府信息，不得危及国家安全、公共安全、经济安全和社会稳定"（以下简称"三安全一稳定"）。第 14 条第 3 款规定："行政机关不得公开涉及国家秘密、商业秘密、个人隐私的政府信息。但是，经权利人同意公开或者行政机关认为不公开可能对公共利益造成重大影响的涉及商业秘密、个人隐私的政府信息，可以予以公开。"由此可见，《条例》对公开范围采取肯定列举法，而对不予公开范围却采取了否定概括法。如落实"以公开为常态、不公开为例外"原则，则应具体明确列举不予公开内容，而不应用概括法。同时，也并不需要采取列举或概括的方式来确定需公开的内容，除非有例外事项。可见，《条例》的法律逻辑与该原则并不完全一致。

第二，《条例》对"例外信息"尚未完全明确，操作时有一定难度。按照"以公开为常态、不公开为例外"原则，所有的政府信息都应公开，除非有例外。也就是说，信息公开范围为除例外以外的所有信息。从方法论上说，要落实这一原则，应该具体规定何为例外。否则，"例外"的范围不清晰、不确定、模棱两可，则"公开"的广度和深度难以确定。"公开"很大程度上将受制于"飘忽不定"的"例外"，而难以操作并保证实效①。《条例》中的"例外"包括：国家秘密、商业秘密、个人隐私，行政机关不得公

① 参见胡锦光、王书成《美国信息公开推定原则及方法启示》，《南京大学学报》（哲学·人文科学·社会科学版）2009 年第 6 期。

开涉及这三方面的政府信息。同时，《条例》第 8 条规定要求行政机关在推动公开工作时，既要防止因为公开不当而对行政机关管理工作产生不良影响，亦应防范不法分子利用。公开商业秘密和个人隐私，须经当事人同意，或由行政机关认定不予公开可能对公共利益造成重大影响。如果“三安全一稳定”和三种“例外”有明确法律界定，则便于行政机关操作，但现状是：新修订的《保密法》于 2010 年 10 月 1 日施行后，如何规范定密，实际如何把握保密范围，以及保障解密的及时性等问题还需进一步解决。例如，有的文件虽未解密，但相关文件纪要已公布，由于对此类文件如何公开缺少具体规定，易使公开工作陷入困境。虽然人民法院对商业秘密、个人隐私拥有最终裁定权，但我国至今尚无一部具有权威性的法律法规对商业秘密进行统一规范。关于商业秘密的很多规定，多在《刑法》《反不正当竞争法》及《关于禁止侵犯商业秘密行为的若干规定》等与公开没有直接关系的法律规范中体现。而对个人隐私，无论是行政机关还是司法系统同样也都没有统一明确的法律依据可以适用或解释。但人民法院对于商业秘密、个人隐私有最终的裁定权①。因为“三安全一稳定”信息并非确定的法律概念，涵盖范围过于宽泛，并与国家保密制度也存在竞合之处。这给需要作出判断的行政机关和作出判定的司法机关都带来一定麻烦。

第三，举证责任的分配不便于法院判决或行政机关操作。包括公开在内的有关行政诉讼，应由被告负担举证责任。因为申请人不清楚所申请信息的相关情况，只有行政机关才有能力、有义务判断

① 参见江必新主编《最高人民法院〈关于审理政府信息公开行政案件若干问题的规定〉理解与适用》，中国法制出版社，2011，梁凤云撰写部分。

是否公开、何时公开、谁来公开、以何种形式公开，以及公开到多大范围和什么程度等问题。因此，行政机关应当承担不予公开信息的举证责任。美国《信息自由法》对举证责任的规定是："行政机关拒绝提供文件时，必须举证证明拒绝的正当性质。"即使对裁量性政府信息，原则上都要公开，如果政府不公开，必须负举证责任来证明公开信息将产生的危害，说明不公开的理由，在无法判别政府信息是否应当公开时，推定这些信息属于必须公开的范围。如果政府不能作出令人信服的解释或举证，法院则可裁定信息予以公开。依据日本《行政机关拥有信息公开法》的立法精神，举证责任也是由行政机关负责。

为有效遏制已出现的滥诉现象，避免司法资源和行政资源过度浪费，在我国当前阶段，司法机关和行政机关对涉及特殊需要的申请，不同程度上作出了限制性规定。例如，有些密级较高的信息，标题和内容高度相关，如果行政机关答复申请人时，简单回答有或没有，存在或不存在，都可能泄密。为防止此类信息泄露，对申请人申请公开的，与本人生产、生活、科研等特殊需要无关的政府信息，可不予提供。此外，司法机关依照《行政诉讼法》之规定将原告资格限定为权益受到或者可能受到侵犯的利害关系人，相关司法解释对不予公开的情形也进行了适度限定。这些规定虽然在《条例》实施初期的某些具体案例中发挥了积极作用，但从举证责任分配角度来看，把由原告或行政机关举证的责任交由被告，或由于保密原因作出"不予提供"回复的做法，与"以公开为常态、不公开为例外"原则的内在要求存在差异。

三 “以公开为常态、不公开为例外”在实践中的困境

首先，“待定信息”无所适从。现实中，政府信息并不是由《条例》规定的23类必须公开信息和第8条与第14条“例外信息”列举的不予公开信息两部分组成，政府信息并不是“非黑即白”，这中间还有一大部分既不属于禁止公开信息，也不属于必须公开的信息。笔者认为是“待定”信息。比如，行政机关正在讨论、研究或者审查过程中的信息，有些涉及宗教、民族方面等的信息，这些信息需要行政机关研判，对公开的内容、方式、范围、时间都需要考量。例如，不法商人在清真区用“大肉”做原料，上面用羊油涂抹，在街头做成羊肉串进行出售，工商执法人员查处这种有损回民风俗的事件，这种信息如公开方式和时间不妥，就可能损害到公共安全和社会稳定；按照“以公开为常态、不公开为例外”原则的制度模式推理，除国家秘密、商业秘密和个人隐私的“黑色信息”外，没有列出不公开事项的“灰色信息”势必也要公开，但实践中这些信息还没有梳理规范，更没有颁布相关例外事项的判定标准和司法救济规定，如简单作公开或不公开处理，会出现不宜公开的“灰色信息”与法定公开的“白色信息”混淆，公开的范围就会出现扩大化乱象。尤其是在政府信息公开初期阶段，绝大多数行政机关或单位还没有对《条例》实施前的历史信息进行清理，缺少对“家底”的掌握，在政策上对历史信息和可公开时间段的理解也缺乏相对统一的认识和规定。在没有对历史文件进行解密时，公开就没有依据。例如，处理1988年《保守国家秘密法》施行前尚未清理的例外信息

和解密公开从何时起算，更是行政机关和司法机关遇到的“棘手”问题。有些信息从某部门角度看公开没有问题，但综合起来看就有可能不宜公开，公开后可能导致泄密。例如，在我国某些军工保密项目研制成功见于报端后，研制单位为表功，在自家网站上登出该项目的牵头人，从这两个信息中就会使国外某些敌对势力综合判断出这个军工保密项目的具体情况，有可能导致泄密。目前，影响、制约行政机关的有社会多方面因素，如司法系统、立法机关、学界、媒体和申请人等。而主导和推进公开的主体，《条例》第3条、第4条规定是各级人民政府办公厅（室），如何使应公开的信息最大化公开，不公开信息禁止公开，并防止不公开信息范围扩大，是政府信息主管部门下一步应重点思考的课题。

其次，单一做法会给社会多方带来误解和纠纷。如果简单理解“以公开为常态、不公开为例外”原则，除国家秘密、商业秘密和个人隐私处的信息都公开的话，在现有的情况下，申请人会按照各自对《条例》的理解向行政机关提出各种各样的申请，出现“一千个读者就有一千个哈姆雷特”的现象，对“待定信息”的申请，行政机关也容易出现“左”或“右”的情况。一是不顾及保密法等法律法规规定，认为公开高于保密而过度公开。实践中就有把没有标密级的密码电报公开出来的，如某地区科研单位发现一种原始水果，这种水果一旦嫁接，会大大改变或提升该品种水果的质量，如果公开该水果的地域、样式等信息，被国外某些公司掌握，势必影响我国该品种水果的生产、科研和销售，公开后可能危及我国的经济安全。二是遇有大量不好辨别、难以处理的复杂信息进行简单化处置，就会有“信息不存在”“影响社会稳定”“涉及国家秘密”等语焉不详的理由。值得一提的是，现有很多行政机关在确定属性时，把不好把握的信息放到依申请公开的内容中。信息属性的确定从公开性质的角度划分为必须公开、禁止公开和待定公开，而主动公开和依申请公开是《条例》规定的两种公开方式，主动公开是行政机关对不特定的大多数人的公开，可谓"点对面"的公开，依申请公开是行政机关对特定人的公开，可谓"点对点"的公开，属性的确定和公开的方式不是一个划分维度。由于理解的错位，把握例外信息偏差，这也给行政机关处理依申请公开带来麻烦和诉讼争执纠纷。长此以往，申请人的需求超过《条例》立法本意，而行政机关又无法满足这些需求，导致行政、司法资源的进一步浪费，成本不断加大，申请的"需求"和答复机关的"供给"之间形成的"压差"会越来越大，纠纷越来越多。

再次，法律法规之间的冲突，以及依据的不足使行政执法和司法审判遭遇瓶颈。按照立法的一般规律，应先修改位阶高的《保守国家秘密法》《档案法》等，然后再制定《条例》，由于种种原因，当下是在法律尚未修订的前提下，先制定和实施了《条例》，而后按照信息公开精神修订《保守国家秘密法》，目前新修订的《保守国家秘密法》及实施办法在公开内容上已和《条例》衔接，但现有的《档案法》及其实施办法等法律法规尚未在内容上和《条例》衔接。内容上的冲突最明显的表现就是《档案法》与《条例》之间的矛盾。我国档案机构一直扮演的既是档案保管者，又是提供服务者的角色。《档案法》明确规定："各级各类档案馆，是集中管理档案的文化事业机构，负责接收、收集、整理、保管和提供利用各分管范围内的档案。"《档案法实施办法》规定，各级国家档案馆"采取各种形式开发档案资源，为社会利用档案资源提供服务"[①]。同时，我

① 介文红：《也谈政府信息公开与档案开放》，《学理论》2010年第1期，第162页。

国现行档案法律法规也没有赋予机关档案室向社会开放档案的职能。在《条例》“单兵突进”时，其他法律法规在内容上还没有很好地与之衔接，如果简单机械理解“依法公开”就会在上位法中找不到相应的法条依据，在未修订的法律法规中找到的法条或是过时条文，或是无法解释《条例》实施后出现的新情况。

无论是在行政执法还是在司法审判的过程中，都出现了许多需要进一步明确和规范的地方。一方面，从司法角度看，我国与信息公开有关的法律法规和规范性文件较多，且规定较为原则，法官选择裁判依据时存在一定困难，加之法院内部对政府信息公开相关概念的认识不一，有时出现“同案不同判、同法不同解”的现象。而司法裁判对信息公开的发展具有重要影响，裁判的不统一又容易使行政机关在执法时无所适从。另一方面，从执法角度看，行政机关始终处于被动、防御的角色，对公民、法人或者其他组织的公开申请，行政机关必须“有问必答”，否则构成“不作为”。在执法依据不明确、行政自由裁量权不确定的情况下，答复时常面临政治、法律、舆论的风险。

四　真正实现“以公开为常态、不公开为例外”的可能路径

第一，现阶段既要把“以公开为常态、不公开为例外”作为原则加以具体要求，更要作为理念加以倡导，去引领，作为目标逐步推进。随着《条例》实施的深入，政务公开的全面推进，“以公开为常态、不公开为例外”的理念正在逐步代替“不公开是常态、公开是例外”，也越来越为公众所接受，这也是世界趋势。按照这个目

标谋划思路，做好顶层设计、中层考虑、基层安排，向着可持续的路径发展，争取早日让原则照进现实，这应该是众望所归的事情。毫无疑问，行政机关根据这种理念需要先转变传统观念，对属于《条例》规定公开范围的，采取积极公开的态度，对已具备公开条件还没有开展信息公开的单位尤为提倡，对暂不具备条件的单位，可创造条件逐步实施。

第二，按照现有国情积极推进。目前，政府履行职责的定位是经济发展、市场监管、社会管理和公共服务，这包括经济、社会、文化管理等多方面，所制作或获取的政府信息要比国外政府信息范围广泛得多、复杂得多。如果把“以公开为常态、不公开为例外”作为一种原则与当前国情条件还不符。政府信息公开范围和程度是随着经济、社会、文化的发展而逐步推进的过程，是一个系统工程，目前最重要的是要修正简单理解“以公开为常态、不公开为例外”原则，回归到把它作为一种理念或“目标+原则”的思路。现阶段要充分考虑我国社会主义初级阶段所面临的政治和社会发展现状，不可脱离中国实际情况，超越现有阶段去做将来之事，更不宜完全照搬西方模式。在观念上牢固树立以公开为原则的指导思想。

第三，根据我国现阶段政府信息公开现状，建议分三个阶段进行稳妥推进。第一阶段，行政机关应加大夯实基础力度。对逐步公开的范围制订推进时间表，当务之急是对历史信息进行清理，对新制作信息要制订规范公开流程。现阶段可把握如下原则：对有明确要求的涉及民生的应主动公开的政府信息，要大力推进；对依申请公开中涉及历史的、政治的信息或模糊、暂时没有厘清的概念不作宽泛的解释和认定，采取狭义的理解方式，行政机关在适用法律法规时，可作限制性解释。第二阶段，立法机关在条件成熟时及时修订和政府信息公开内容相冲突的相关法律法规。尽快将《档案法》《统计法》《国家安全法》等法律法规重新修订后，形成合纵连横、互相配合的政府信息公开法律体系，使立法、司法、执法在制度设计中形成运作有效的解释、统一协调机制。第三阶段，随着党中央对政务公开工作作出新的部署，国务院对政务公卄提出新要求，政务公开面临由单一公开转变为公开、解读、回应、应用等多方联动的公开，从政府信息的结果公开扩展为行政行为的决策、执行、管理、服务、结果全过程公开，政务公开已成为一项贯穿整个行政运行过程的具体工作。在各方面条件成熟时，将政务公开与政府信息公开提升到法律位阶，真正实现作为原则内在要求的“以公开为常态、不公开为例外”。

多样性的统一：实证视角下政务公开“信息歧义”的产生及应对策略

李 鹰*

摘　要： 政务信息源头法律语言的不规范编排将影响信息的明确性，导致针对同一行为或事实，不同地方政府发布的信息易读程度不一，这是信息歧义生成的主要根源。在信息歧义的情况下，即使公开，信息为公众知悉的效果也可能不明显。信息歧义导致政府源信息与受众接收信息之间存在解读差异，将削弱官方话语的权威语势，差异的最终形式也表明各地政府对信息处理的思维密度和职权规范有所不同。因此，媒体如何处理信息材料本身就极其重要。在对信息文本进行地域性调整或修改时，应使其符合媒介话语的双向交流功能，使信息既是向公众公开的，又能为公众所理解。

关键词： 政府信息公开　信息歧义　媒介话语

* 中国社会科学院法学研究所博士后研究人员。

一 政务公开“信息歧义”的生成

法律是一种词语的职业[①]，语言的易读性对于信息公开体制的作用举足轻重。因为政府既是信息识别进程的制作者，也是主动向公众发出交流意图的邀请方。动态来看政务信息公开，就是政府如何使用法律语言表达信息、受众如何理解政府信息内容以及如何回应的过程。在这个过程中，“公开”不仅指政府决策意见的单向传输，还是一种“交往话语”，目的在于建立起政民互通的话语交流机制。

信息公开的“公开性”包含了可读与易读两个层面的要求，前者重点主要在于信息“有无”公布，而后者则将重点推进到信息的内部要素，更关注政府信息阅读与受众传播的便捷性。如果只关注前者，政务公开只是表面的公开。事实上信息公开能否成为连接并畅通公众参与的有效渠道，发挥政民互动实效，更多取决于法律语言在政府信息与民众接受之间的交互作用。法律语言是法律信息传递的重要载体，但同时应承认其所具有的足够多的潜在含义和可变性，这不仅使信息的读解变得复杂，不合理地使用法律术语还有可能造成“信息歧义”。

法律语言的多重性表述妨碍了信息的单一明确，而信息公开是一种法律术语的运用场域，在政府信息公开平台上通常存在两种因法律术语的多语境使用而造成的“信息歧义”，一种是“潜在歧义”，指同一类信息存在以相似词来指称的情形，争议的词语从信息表面看来可能不存在含糊之处，但会基于某一语境下的特定事实产生歧义。譬如，《国务院办公厅关于进一步加强政府信息公开　回应

① 〔美〕大卫·梅林科夫：《法律的语言》，廖美珍译，法律出版社，2014，序言。

社会关切　提升政府公信力的意见》（国办发〔2013〕100号）发布以来，各地政府面对社会公众不断增强的参与和监督意识，针对涉及群众切身利益的重要决策，陆续在信息公开网站上开设公开征求意见专栏，栏目名称包括意见征求、网民征求、意见征询等，尽管字面意思略有不同，但只要在信息平台中词语所指向的事项具有同一性——都要求政府出台的重大政策措施必须经由民意互动的环节，那么地方政府并不需要采用相同词语划定该信息的发布场域，潜在歧义也不会影响信息的通识阅读。但在另一种情况下，当信息指向约定俗成的特定法律行为时，术语的精准度以及其语法构造上的偏差都可以成为重大歧义的根源，其与“潜在歧义”的区分在于这种歧义极有可能堵塞信息接收通道，导致“词不达意”的结果，因而称为“明显歧义”。例如，“规范性文件备案”信息的公开，“规范性文件”与“备案”是两个有特殊指向的法律术语，两个词语的叠加使用限缩了术语的意指范围是以“备案”方式对“红头文件”这一特定对象施以法制监督，含混使用任何其他词语都可能使语言欠缺明确性。例如，以“执法监督”“文件备案”等取代“规范性文件备案”，使信息以令人疑惑或不确定的方式传递，有可能使信息由文字转向应用过程中的受众接受被歧义所堵截。后者在法律语言上存在的“明显歧义”，是本文中信息歧义生成的主要归因。

二　基于“信息歧义”的误读

政务信息是一种开放的媒介文本，法律词语的相对不确定性反被用于解释信息本身，一般政府对法律语言多重含义的使用会加以自我限制，防止多义词的产生，其原初目的是避免交流冲突并旨在更好地实现话语连贯性，但有时地方政府对法律术语的规制会产生疏忽。以评估“省政府法制办网站是否公开了2017年的规范性文件备案审查信息”为例，调查表明，信息歧义集中体现在三个方面。

（一）词语歧义

政务信息公开平台通常存在使用太多法律技术性词语指示一项特定信息的情况，同一概念、同一表述含糊使用不同的词语，或者不同概念、不同表述使用相同的词语，使法律要点指代不清楚、不确定或模糊。以“规范性文件备案”栏目设置为例，在对31个省份2017年“规范性文件备案”信息公布的各级目录名称进行统计后发现[①]（见附表1），仅就一级目录而言，该信息就涉及五类不同表述方式，说明仍有少数地方政府对规范性文件审查备案的职责界定并不明确（见表1）。不仅对其究竟属于政府履行的何种职权辨识不清，在使用上也出现备案与执法、信息公开等特定法律词语的混淆[②]。

表1　31个省级政府规范性文件备案信息发布的一级目录用词情况

种类	信息属性	一级目录名称	次数
1	执法监督	执法监督	1
2	查询	查询服务、便民查询、法律法规规章查询	3

① 本调查中所有的目录层级都是以最终能够搜索到“规范性文件备案”信息内容为准，并且同一个省级政务公开门户网站上没有其他栏目同时发布“规范性文件备案”信息，确保每个门户网站上的信息源都具有唯一性。

② 信息放置随意的现象在《实证法学：法治指数与国情调研（2015）》中即已提出，如在《政策法规》栏目放置了非政策法规类文件，将行政处罚决定发布在《政策发布》栏目，《规范性文件》栏目显示的是行政审批结果等。信息摆放不合理不利于公众快捷便利地获取相关信息，必然影响公开效果。在此基础上，本文从媒介话语的视角探讨如何通过规范政府信息发布职权进一步增强政务信息的易读性与便民性。

续表

种类	信息属性	一级目录名称	次数
3	信息公开	信息公开、政务公开、文件公布	4
4	法制监督	政府法制、法制动态、政府法制工作、规范性文件管理、规章规范性文件数据库	7
5	备案	审查备案、备案审查、备案清理、文件审查、规范性文件备案、备案审译、规范性文件和规章备案服务平台	16

如果锁定搜索的两个关键词“规范性文件”与“备案”，对一至三级目录用词进行比对（见表2），会发现关键词与替代用词之间并非近义词关系，有扩大词语外延的趋向。当普通民众多数为非法律专业人士时，要查询到规范性文件备案的信息，将会受到其他非关键词语的干扰，而使信息获取及其解读的过程变得异常含糊。

表2　一级目录关键词比对情况

“规范性文件”词语比对		“备案”词语比对		无关键词
提及“规范性文件”*	如未提及，是否有其他替代用词**	提及“备案”	如未提及，是否有其他替代用词	1~3级目录均无“规范性文件”与“备案”
20个	法律法规规章、文件	23个	查询、公布、管理、目录、目录公开、公开目录、文件公告	1个

* 所有三级目录中只要提及“规范性文件”词语的即属于此项。

** 所有三级目录中都没有提及“规范性文件”词语的即属于此项。

法律语言从来就不可能做到分毫不差，也没有必要让其变得绝对精准，但是应当为保障民众便捷识读信息划定准确的限制条件。如果增大词语的使用量，却并没有增加准确性；或是替代性用词并不能与信息内容相匹配，那么长期沿用这种偏颇的语言形式将造成政府措辞的不统一，进而使得对同一类信息表述在不同地方政府之间形成差之毫厘而失之千里的效果。以上述1~3级目录中同时不含有“规范性文件”与“备案”的地方样本为例，判断该信息栏目用词是否具备必要的替换理由（见表3）。

表3 词语歧义样本

一级目录	二级目录	条目中与“规范性文件备案”有关的最新信息
政务公开	文件发布	省人民政府法制办公室公布2017年第二季度政府规章和规范性文件备案目录

根据法律语言学学者大卫·梅林科夫对语言精准性提出的基本判明标准①，此处选择“三步骤法”对样本中“规范性文件备案”的替代用词进行合理性证成（见表4~表6）。

表4 替代用词合理性证成步骤1

第一步：替代词是法律术语吗？	
1. 替代词是一个界定明确的词吗？	否
2. 这是它的唯一用法吗？	否
3. 针对这一特定信息它被用作法律术语吗？	否
4. 稍作改动会改变它的法律效果吗？	否

通过第一步论证，“政务公开”与“文件发布”并不是具有特定意涵指向的法律术语，即使替换为信息公开或是文件公开、文件公告等并不影响词语的意思表述。而“文件发布”作为对目录级别的进一步细化，却并不属于内涵明确的法律术语，难以准确指向规范性文件备案这一特定信息。

① 参见〔美〕大卫·梅林科夫《法律的语言》，廖美珍译，法律出版社，2014，第347~349页。

表 5　替代用词合理性证成步骤 2

第二步：相同语境下与其他术语的比较	
1. 与其他术语相比这种方式使意义更明确吗？	否
2. 有其他同样可用的词吗？	是
3. 有充分的理由这样表述吗？	否

以“文件发布”涵括政府法制机构对报送备案的行政规范性文件进行审查的特定法律行为，本身即是对规范性文件备案的意涵误读。即使都放置在信息公开的同一语境内，关键词与替代词之间也不属于词语弹性大小的问题，词语所指向的信息内容就存在政府文件与备案目录的本质区别——文件可以泛指包括规范性文件在内的各类具有法律效力或不具有普遍约束力的政策文件；而发布与备案也是两种权属不同的职能行为，前者概指政府信息公开，后者是为保障宪法和法律实施的一项法制监督活动。替代词与关键词的区分度明显，即使在相同语境下也无法涵括或指涉对方。

表 6　替代用词合理性证成步骤 3

第三步：有法律依据必须这样说吗？	
1. 规范性文件备案的规定中是否采用这种表达方式？ 如否，这种表达方式是来自法律法规、法庭规则、网站自创等？	否
2. 偏离常规术语（规范性文件备案）是否有可能引起公众误读后果？	是
3. 信息条目对该术语的阐述充分吗？	否
4. 这个词语有其他语境下的使用情形吗？	是

严格说来，两者的法定依据前者是《政府信息公开条例》，后者除此之外，还应遵循《立法法》和《各级人民代表大会常务委员会监督法》等涉及规范性文件备案审查工作规程的相关规定。目录词语的表意不明，使受众很难仅从上述替代词判断“文件发布”栏目中是否

会包含规范性文件备案这一项特定信息。并且“文件发布”既不是来自法律法规当中的术语，也无具体的词语指涉范围，几乎可以概指各类政府文件并无边限地运用于信息的发布。从用词逻辑的连贯性来看，词语的含混不清将继而导致信息在结构和内容上的歧义。

（二）结构歧义

结构上的歧义源自于词语摆放的位置，以及前后词语的逻辑关系。在编制政务信息资源目录时，信息有次序地分布于各级目录中，而这些逐层指向信息的词语是以特定的顺序排列的，这些顺序又会形成语法上的联系。当信息传递的结构容许多种语法联系形成时，句法上的歧义便可能发生，这也成为一种常见的信息歧义类型。

如果上下级目录衔接超出了大概念与小概念的包含关系，意味着一个信息表达句式中可能同时存在多种语法联系。表 7 中样本 1（附表 1 省份 10）一、二级目录之间不存在所属关系，而条目中的信息又与一、二级目录无所属关系，事实上形成了并列的三组信息：a. 执法监督；b. 规范性文件备案审查；c. 法制监督动态。样本 2（附表 1 省份 28）的情况在于二级目录属于多余设置，如上文所述“公布”与“备案”在词义上指向两类特定职能行为，即使在此处删除二级目录也不影响信息内容的表达；而多余的目录层级不但未能精准地定位信息，反而如长篇累牍的形容词延长了对信息的修饰范域。

表 7　结构歧义样本

样本	一级目录	二级目录	条目中与“规范性文件备案”有关的最新信息
1	执法监督	规范性文件备案审查	无规范性文件备案目录，主要公布地级市备案、审查、清理新闻
2	备案译审	规范性文件公布	2017 年 3 月备案登记审查的法规规章情况

由此引出另一个结构上的问题是，目录层级编制得越多是否越能使信息具有指向性？在现有语料库中，可供比较的有三种典型组合方式：一是仅有一级目录，二是设置规范性文件报备系统/数据库/服务平台并据此编制多级目录，三是设置三级目录，进而比较哪种法律术语的排列令信息能够兼具易读性与规范性（见表8）[①]。

表8　目录层级编制的三种典型组合方式

方式	一级目录	二级目录	三级目录	备案目录是否与新闻相混	备案是否定期	在主页能否直接查询到条目
1	备案审查（海南）			否	按月	是
	审查备案（陕西）			是	按季度	是
	备案审查（新疆）			是	按月	是
2	法律法规规章查询	规章、规范性文件网上报备系统		否	按月	否
	省直单位规范性文件备案/设区市政府规范性文件备案	省规范性文件备案平台		否	实时	否
	省规章规范性文件数据库	文件公告		否	按季度，更新至2016年	否
	备案审查	规范性文件备案公布系统		否	实时	否
	省规范性文件和规章备案服务平台	工作动态		否	按季度	否
3	政府法制（内蒙古）	合法性审查监督处	规范性文件目录公开	否	2017年按季度，2016年按年度	否

① 此处不考虑2017年没有公布过规范性文件备案信息的省份，由于未发布相关信息，故不属于本项研究“信息歧义”的分析范围。

一级目录的优点是目录层级简短，一般都能在主页便捷地查询到备案条目。但也因目录的单一性使信息门类的细化受到限制，其结果是备案目录通常与地方政府备案新闻相混，在表 8 如期公布 2017 年备案信息的 3 个省份中仅有 1 个省份对一级目录下的备案条目进行了规范化处理，将通讯稿统一归入“法制新闻”。编制三级目录的情形更为少见，过于累赘的目录如同长句子的构造，或将导致信息要点被层层的术语包裹，受众与传者都无法专注于双方正在交流的信息的本质。同时它还将带来另一个困扰，臃肿的目录编排会使信息更新较为滞后，如在增设了三级目录的 2 个省份中仅有 1 个更新了 2017 年备案目录。相较于过长或过短的目录结构，专门提供开放式备案系统/数据库/服务平台相对更能兼顾层级分布上的逻辑顺位，克服信息公开中现存的结构歧义弊病。也由于理顺了规范性文件备案目录层级与法律词语的组合关系，在规范行政机关定期分门别类发布信息之时，更为公众提供了信息索引的便捷，以直观的条目排列方式加深了公众对法律术语的理解。

（三）内容歧义

当词语和结构上出现歧义时，公众需要进一步依靠所公布信息的具体内容来定位词义，因为内容的易于理解仍有可能使解读在语法上讲得通或者看起来合乎逻辑。倘若内容中掺杂着其他与之不符的信息，如通讯稿等繁冗的政府动态，将使法律术语欠缺有效的指示对象，也如同空洞的饰物，无法与互通民意的法律实践相联系。

在设置了规范性文件备案系统/数据库/服务平台的 5 个省份中，有 2 个省份目录用词未同时出现关键词，而信息纯净率却全部达到 100%，均未出现内容混杂的情形。从信息发布的频率上看，其中有

2个省份实现了实时发布，更新速度较其他省份更快（见附表2）。

另外，在目录同时显示有“规范性文件”与“备案”的14个政府信息平台中，排除未发布备案信息的2个省份，有9个省份的信息纯净率为100%，目录无词语歧义的省份中有3/4能确保信息内容的准确性。与之相较，在目录存有词语歧义的17个省份中，7个省份所发布的规范性文件备案目录与地方政府新闻或规范性文件等干扰信息含糊放置于同一个栏目，存在内容歧义。除去5个未公布备案目录的省份，在已发布有效信息的12个省份中，仅有5个信息纯净率为100%，占比42%，信息内容准确度未达到半数（见表9）。总体上，信息公布时词语无歧义的省份中能确保内容无歧义的概率较大（见图1、图2）。

表9　词语歧义与内容歧义的关系

情形	符合条件的省份总数	无备案信息	无内容歧义	无内容歧义省份在信息有效省份中占比
无词语歧义的省份*	14	2	9	9/12 = 75%
有词语歧义的省份**	17	5	5	5/12 = 42%

* 此处指一至三级目录同时含有“规范性文件”与“备案”两个关键词的省份。

** 此处指一至三级目录缺少“规范性文件”或“备案”关键词的省份。

而当结构歧义存在时，即使目录中的关键词表述明确，出现内容歧义的可能性仍然偏大（见表10）。

表10　结构歧义与内容歧义的关系

样本	一级目录	二级目录	是否有内容歧义
1	执法监督	［规范性文件备案］审查	是
2	［备案］译审	［规范性文件］公布	是

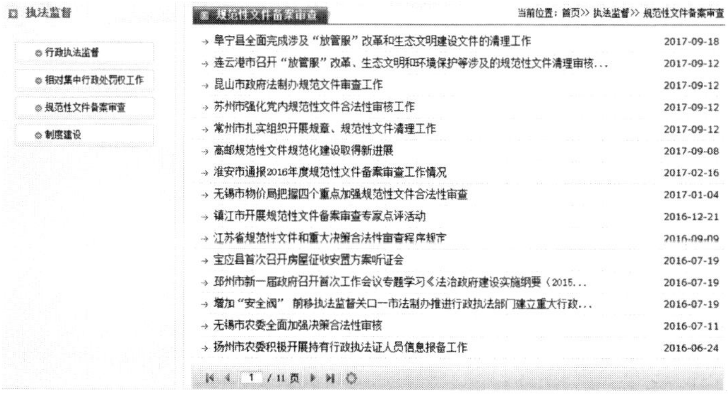

图 1　A 省规范性文件备案信息发布平台内容歧义截图

截图时间截止到 2017 年 9 月 25 日。

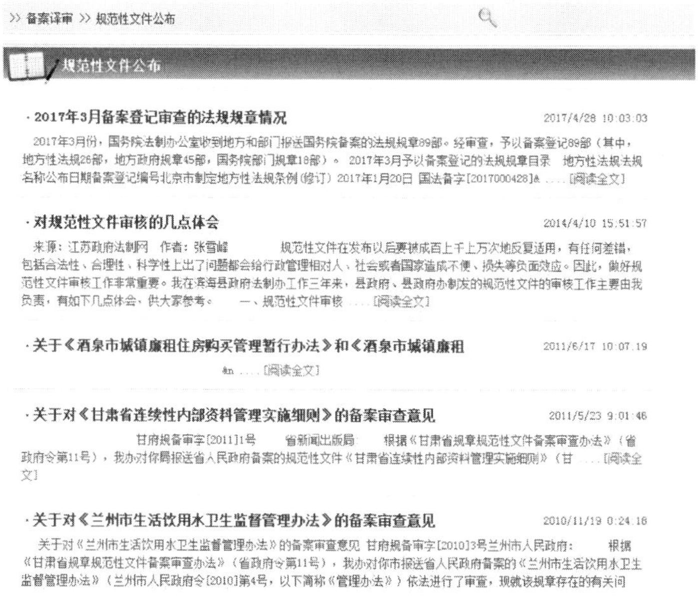

图 2　B 省规范性文件备案信息发布平台内容歧义截图

经过上述比较，内容歧义产生的概率整体上会受到词语歧义与结构歧义的影响。就存在词语歧义的情形而言，无词语歧义的省份比有词语歧义的省份更有可能确保条目内容的纯净度，避免信息歧义。本次调查中仅有一种例外情况，即当该省设置专门的"规范性文件备案系统/数据库/服务平台”时，即使各级目录用词未必精准到同时具备搜索所需的两个关键词，但就已发布内容来看，信息纯净率达到 100%（见图 3~图 6），两级目录结构较为合理，极大地缩减了信息歧义产生的可能性[①]。

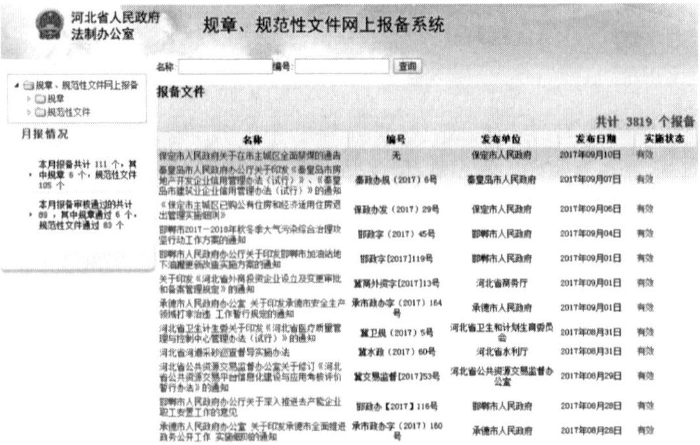

图 3　“规范性文件备案系统/数据库/服务平台”样本 1

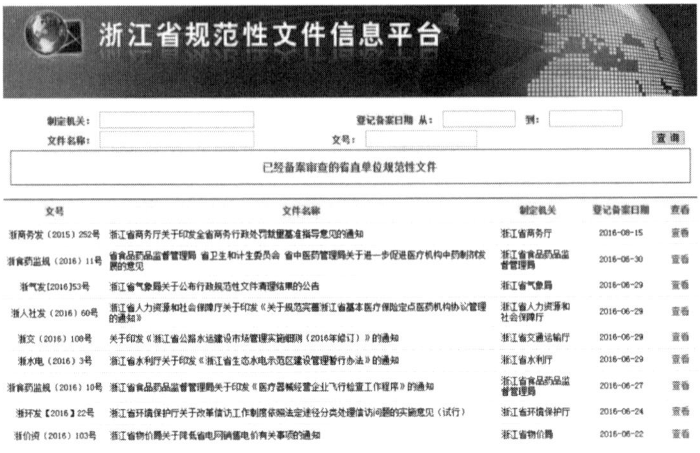

图 4　“规范性文件备案系统/数据库/服务平台”样本 2

① 5 个省份有“规范性文件备案系统/数据库/服务平台”，其中一个省份 2017 年未更新，存在滞后问题，但均无内容歧义情况出现。

图5　“规范性文件备案系统/数据库/服务平台”样本3

图6　“规范性文件备案系统/数据库/服务平台”样本4

三　政务信息的媒介话语交流策略

上述统计结果主要涉及两个层面的问题，一是仍有少数省份延误或尚未公布规范性文件备案信息，二是存在词语、结构或内容等信息歧义。对于少数民族自治地区而言，可能会继而引发翻译歧义的病灶。无效或低效的信息发布形同虚设，词语指代不明或是结构与内容上的松散、含糊都将降低信息对使用者的友好程度，导致公众难以解读到政府信息所要传递的法律要点。

政务信息公开是信息与媒介的结合，而不是换一种记录的方式。媒介是面向受众的，媒介手段的更新应使信息的传播更畅通。这不仅需要让媒介尽可能与官方话语传播的情境相匹配，保持信息的高度权威性，更重要的是只有在受众参与信息接收时，信息才有可能有效传播出去。因此，评估政府信息公开工作的效果，应以公众视角为主，重点评价政府信息是否依法公开、是否方便获取[①]。这种“接受者导向”的评估原则强调信息的交流是双向互动的，要求信息排布在实用效果上真正有利于民意互通——信息公布的目的在于促进交流，让信息能够为不懂法律修辞的人所阅读理解。

从信息传向受众的过程来看，每一个信息公开行为都可以拆解成言内行为、言外行为、言后行为和思想行为这四个不可或缺的组成部分，概括为：政府说了什么、政府的意思是什么、民众认为政府想表达的意思是什么，说话者进而也在话语传递中暗示了一种特定的权威状态。信息歧义产生的症结在于，政府在信息描述的源头既已存在歧义，其结果恐将使公众无法洞悉到政府诚邀民众对行政机关履职能力加以监督的好意，据此建立起来的话语权威也会被部分不知就里的信息歧义所削减（见图 7）。

民众对法律的尊重和参与意识越来越多地取决于本人对词语意涵的读解，而不是由多余且无意义的辞藻堆砌起来的敬畏和疑惑。从信息传递的四个环节的关系可知，信息歧义的消除重点是保证信

① 参见田禾、吕艳滨、栗燕杰《实证法学：法治指数与国情调研（2015）》，中国社会科学出版社，2016，第 33 页。

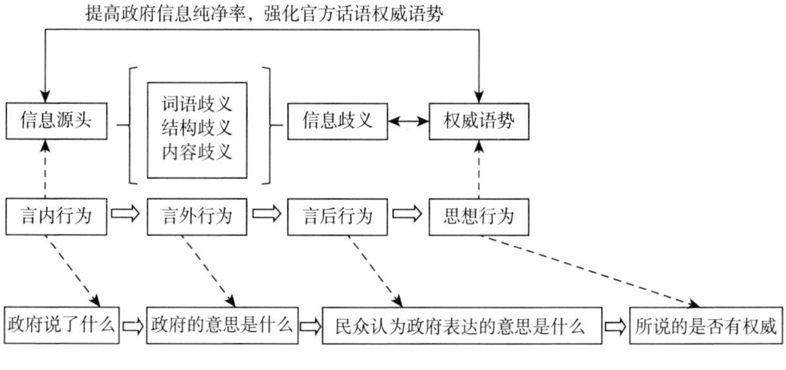

图7　信息公开行为分析图解

息源的纯净度，才能避免信息误读、误传乃至误解。如何在信息源头筛除歧义信息并建立起政务公开的权威语势？调查中一个显著的案例是，地方政府在规范性文件备案办法中对信息发布主体、周期、形式、内容、目标等规定越具体，信息歧义产生的概率越小。例如，《北京市行政规范性文件备案规定》（市政府令第168号）第9条明确要求经登记的行政规范性文件，政府法制机构应当按月在政府网站上公布文件目录[①]。在一、二级目录不同时具备关键词的情形下，有序的条目内容能够提炼并凸显该条政务信息的要点。这即是以政府明文立规的方式强化“言内行为”的权威话语地位，将信息发布严格限缩在“规范性文件”“按月”及“目录”等词域内。再如，河北省在《人民政府法制办公室关于进一步加强规范性文件审查备案工作的意见》（冀法〔2014〕2号）中规定，在全省推行规范性文件数据库建设，方便社会公众和有关组织通过网络和数据库查阅规范性文件。“目的在于拓宽规范性文件的监督渠道，建立健全公众提

① 《北京市行政规范性文件备案规定》自2016年7月1日起实施，从备案目录的发布日期可以看出相应信息主要于2017年新近更新。

请审查制度，让人民群众享有充分的知情权、参与权和监督权。”普通人对官方信息持什么样的态度，在很大程度上有赖于政府部门如何对待政务公开。通过对信息准确性的细化分析也进一步确认了地方政府对其职权运行的规制程度，以及是否对“读者”能力与期望给予更多关注。

信息公开内含交往需求，考量信息获取的便民性，不应忽视其媒介传播规律。信息是通过语言表述的，它必须具备语言属性。虽然法律术语不可能完美，但政府有能力通过特定措辞、结构和内容来引导信息文本逻辑，通过语言的导向使信息的权威性随其易读性与规范性的增强而同时增强。统计结果显示，政府对信息源清理态度严谨与否，可能导致信息意义被完全改变。目录的法律用词越规范，对该信息的发布渠道越专业，同类信息发布越集中，规范性文件备案目录公布的频率也较能趋于稳定，受众产生信息歧义的可能性相对更低。具体而言，每个用于政务公开的关键词都应该放在正处于法典化的那个领域的概念体系中加以评估，尽可能选择用恰当的法律术语来表达信息，词语应简洁而富有解释力。即使是创造新词也不能太随意，它们须是目标受众所熟悉的且不能违背目标语言的自然构词。例如，“备案审查动态”或“备案登记公告”两个词组的表达都没有偏离“备案”的法律语言含义，与生效的政府文件规定保持一致。此外，当目录有多层级时，厘清不同逻辑结构间的语法关系，也有利于实现信息内容对目标信息的忠诚。对于条目储备量大并且需要定期更新的信息，建议在有技术保障的前提下优先采取建立数据库的形式。特别是少数民族地区信息的翻译，数据库有助于在汉语与少数民族语言字面意思缺乏绝对对等的情况下，依赖术语所指向的内容及其总体设计方案来获得信息，它构成了对词语和目录结构的目的性、动态性解释，从而保障语言和翻译在确定共同体法含义时实际发挥的作用。

结 语

信息公开的过程本身是在塑造、改变政务信息的传播行为与方式，将媒介研究引入政务信息分析旨在揭示信息公开制度中的话语权力关系，让信息的语言表述适应双向互动的交流要求。即政府有能力理解公众的信息需求，也让公众能够理解政府公布信息的要义。如果不能让受众理解信息的内容指向，那么信息的公开就不可能。从这个意义上看，信息公开可以体现为“法律信息的社会化”，它面向的并非全然知晓法律词语而且在知识结构上参差不齐的社会大众，因而对特定信息的规定就应当具有明确性，公民没有义务去揣测某条信息是否适用于己，也应防止政府以歧义去遮蔽信息公开的漏洞。换言之，政务信息之“公开”不仅是一个发布与否的问题，而是一场精心安排的交流，政府的任务不限于对信息的填充，其责任还将拓展至对信息“妥当性”的处理，即优化所提供的信息质量。

政务信息的排布就如同其他法律体裁一样，同样彰显一种典型的认知结构——显示了政府对其自身职权的认知，栏目所对应的也是一项政府权力清单，信息是否明晰，意味着政府在这个事项的权力运作中是否规范。政府的职权与其说是在立法和法规中体现出来的，倒不如说是在法律运用的细节中体现出来的，是在遍布全国的信息公开网上体现出来的，权力的实现、行使、滥用与监督都在发布的程序中显露出来。尽管所提供的信息无须完美，但信息歧义是可以通过政府规范运行公开职责所能尽力避免的。提升地方政府对信息的理解能力，加强其易读性，才有可能在法律体系统一的情况下，让信息公开更具效果，通过民众现实并合法地与政府交流进一步提升政府的话语权威。

附表 1　31 个省级政府规范性文件备案审查信息检索目录

省份	一级目录（主页）	二级目录	三级目录
1	查询服务	行政规范性文件目录	
2	便民查询	行政规范性文件备案目录	
3	法律法规规章查询	规范性文件	
4	文件公布	规范性文件	
5	政府法制	合法性审查监督处	规范性文件目录公开
6	备案审查	备案登记公告	
7	备案审查	备案审查动态	
8	政务公开	文件发布	
9	信息公开	公开目录	规范性文件备案
10	执法监督	规范性文件备案审查	
11	省直单位规范性文件备案/设区市政府规范性文件备案	浙江省规范性文件备案平台	
12	法制监督	规范性文件审查备案	
13	备案清理		
14	法制监督	规范性文件备案	
15	备案审查	备案公告	
16	河南省规章规范性文件数据库	文件公告	
17	法制动态	监督备案	
18	政府法制工作	规范性文件管理	
19	备案审查	规范性文件备案公布系统	
20	备案审查	规范性文件备案	
21	备案审查		

续表

省份	一级目录（主页）	二级目录	三级目录
22	文件审查	规范性文件公布	
23	规范性文件备案		
24	规范性文件备案		
25	省规范性文件和规章备案服务平台	工作动态	
26	备案审查	登记备案	
27	审查备案		
28	备案译审	规范性文件公布	
29	规范性文件管理		
30	备案译审		
31	备案审查		

附表2　31个省级政府规范性文件备案审查信息公布情况

省份	目录是否显示有“规范性文件”与“备案”（或“报备”）	是否有备案系统/数据库/服务平台	2017年信息公布是否按期	条目中是否包含其他内容	备注
1	否	否	是，按月	否	
2	是	否	是，按季度	否	
3	是	是（河北）	是，按月	否	
4	否	否	否	无备案信息	
5	否	否	是，2017年按季度，2016年按年	否	链接偶尔失效
6	否	否	是，按季度	是	
7	否	否	否	是	
8	否	否	是，按季度	是	
9	是	否	否	否	
10	是	否	否	是	
11	是	是（浙江）	是，实时	否	

续表

省份	目录是否显示有“规范性文件”与“备案”（或“报备”）	是否有备案系统/数据库/服务平台	2017年信息公布是否按期	条目中是否包含其他内容	备注
12	是	否	是，按月	否	
13	否	否	否	无备案信息	
14	是	否	是，按季度	是	
15	否	否	是，按季度	否	
16	否	是（河南）	是，按季度，更新至2016年	否	
17	否	否	无备案信息	是	
18	否	否	是，按月	是	
19	是	是（广东）	是，实时	否	
20	是	否	是，按月	否	
21	否	否	是，按月	否	
22	是	否	是，按月	否	
23	是	否	否	无备案信息	
24	是	否	否	无备案信息	
25	是	是（云南）	是，按季度	否	
26	否	否	否	无备案信息	
27	否	否	是，按季度	是	
28	是	否	是，按月	是	
29	否	否	否	无备案信息	
30	否	否	否	无备案信息	
31	否	否	是，按月	是	

四川省成都市“双随机、一公开”实践调研报告

陈春建　陈冠伶*

摘　要： 随着政府职能转变，放管结合的加强，传统行政执法监管方式的弊端已成为制约监管效能的桎梏。为了营造公平竞争的发展环境，有效提高政府管理水平和效能，破解制度难题，成都市在行政执法监管领域结合本市行政执法的现状进行了积极探索，推广随机抽查规范事中事后监管，建立“一单两库一平台”和“双随机、一公开”抽查机制，创新行政执法监管方式。该制度依托“双随机”而产生的检查人员名录库及监管对象信息库，以检查事项清单为依据，借助市场监管信息平台，将执法检查全程记录并公示执法结果，以加强市场监管的公开性、公正性与公平性，减少执法过程中的扰民、权力寻租等常见执法弊端。

关键词： 执法监管　一单两库一平台　随机抽查

---

* 该文是“成都市‘双随机、一公开’”课题的调研报告。课题组负责人：陈春建，四川大学经济学博士，北京大学法学硕士，成都市政府法制办党组成员、副主任。课题组成员：熊英。执笔人：陈冠伶，西南政法大学法学博士，成都市政府法制办执法监督处副处长。

中共十八届四中全会通过的《中共中央关于全面推进依法治国若干重大问题的决定》明确提出，要“深入推进依法行政，加快建设法治政府”。依法行政不仅是依法治国基本方略的重要内容，也是市场经济体制条件下对政府活动的必然要求。党的十九大报告指出，政府机构和行政体制改革归根结底是要“转变政府职能，深化简政放权，创新监管方式，增强政府公信力和执行力，建设人民满意的服务型政府”。然而，长期以来，执法监管中的随意性太强，设租寻租现象屡见不鲜，选择性执法等问题，成为现行行政执法监管机制的“硬伤”。

现行的行政执法监管系驻地监管模式，一方面因监管人员与监管对象处在同一片辖区内，容易产生交集，从而产生“人情监管”，滋生失职渎职行为；另一方面因不少基层执法人员法律意识淡薄，特权思想严重，致使执法水平不高，随意设立处罚条件、种类和幅度，乱收费、乱罚款等“乱作为”行政行为。监管，既要避免“不管”又要避免“乱管”。健康有序的市场经济不是自发形成的，有赖于政府制定科学有效的市场监管规则、流程和标准，只有从制度上对行政执法权进行全方位约束，严格限制执法者自由裁量，依法开展监管，才能根治“任性监管”“人情监管”“执法扰民”等弊端。本文从成都市的实际出发，对成都市所确立的“双随机”抽查监管制度在执法检查方面的创新予以探究。

一　建立“双随机、一公开”抽查机制的科学依据

（一）抽样调查是一种科学的统计调查方法

抽样调查是统计调查的方法之一，从全部调查研究对象范围中，

抽选部分对象进行调查，根据非全面调查的调查结果对全部调查研究对象作出评估和推断，从而获得反映总体情况的客观信息资料，达到全面调查的效果。常用的抽样调查法包括简单随机抽样、分层随机抽样、分区多级抽样、配额抽样法。

随机抽样调查是众多抽样调查方法中一种最为常用的方法，它是指按随机原则在全部调查研究对象中抽取一定数目的调查单位（样本）进行调查[①]，用所得的样本数据推断总体综合指标的非全面调查。其中的随机原则，又称概率法则，即保证总体各单位有同等被选中机会的原则。随机抽样调查具有下列特点。①只对抽取的样本单位进行调查，调查单位数目有限，工作量较少，能够节省人力、费用和时间。②按照随机原则抽取样本单位，能保证被抽取的样本单位分布特征与总体分布特征基本一致，有充分的代表性。因而，可以根据样本的指标数值比较准确地推断出总体的指标数值，取得与普查非常相近的全面资料。③以样本数据推算总体指标会产生代表性误差（抽样误差），但各个可能样本的抽样平均误差可以用统计方法计算出来。

根据样本理论设计出来的一些抽样方法，应该是无意识的，而非有意的。因此，按照随机原则，无论采用何种抽样方法所得的样本，都应完全取决于“机遇”，而把种种人为因素，诸如态度、倾向、情感好恶等降低到无的程序，使样本能在毫无外在因素影响的状态下被抽出。行政执法监管中采用“双随机”的抽查方式能够从根本机制上确保抽查主体和抽查对象的客观、公正，真正做到妥善处理执法领域中不同程度存在的执法任性和执法扰民、执法不严、执法不公等现象。

---

① 参见李钊文《客户满意度调查中样本抽取问题研究》，《广西烟草》2009年第10期。

（二）“双随机、一公开”抽查机制是依法行政的要求

行政执法层面的改革一直备受社会各界关注，这不仅是因为行政执法改革涉及社会生活的各个方面、影响范围极为广泛，与行政相对人的权利义务联系最为密切，更重要的原因在于行政执法领域问题众多、矛盾突出，极易影响政府的管理效能和政府在公众心目中的形象。因而，将“双随机”抽查监管制度放在行政执法大的框架下进行研究，从依法行政的基本原则出发，从构建合理的执法监管机制出发，从优化行政执法监管效能出发，才能使执法监管行为真正做到合法、合理、高效、便民。

1. 依法行政原则

依法行政原则是行政执法监管中最重要的内容，行政人员享有和行使行政执法权必须符合法律规定。

第一，行政执法监督单位必须具有合法主体资格。所谓有合法主体资格是指，法律授予了一定执法监管权，能以自己的名义实施行政执法监管行为，并能承受相应的法律后果。相反，法律没有授予执法监管权的单位不得从事行政执法活动。成都市在构建“一单两库一平台”这种新型行政执法监管方式时，首先应当明确合法的监管执法主体，依法建立完备的执法监管人员名录库；规范管理行政执法辅助人员，动态管理执法监管人员名录库。

第二，必须在法律赋予的职权范围内从事执法活动，不得超越职权。由于各个市场监管部门均承担一定的对市场主体的监管职责，且同一市场主体要接受工商、税务、安监、消防等多个市场监管部门的监管，因此在构建“一单两库一平台”双随机抽查监管方式时，应当对各个监管部门的职权范围予以事先界定，对超越职权的监管

行为依法追责。

第三，行政执法活动的内容必须有法律依据。在“一单两库一平台”双随机抽查监管方式下，监管人员对法律上已有规定的，应当以相应法律的具体条文规定作为执法的依据。例如，对某人或者某个企业征税，要有税法的具体条文作依据；颁发营业执照，要有《企业法人登记管理条例》或者《个体工商户条例》的具体条文作依据；实施行政处罚要有《行政处罚法》和相关法律的具体条文作依据等。

2. 合理行政原则

合理行政原则的主要内涵是行政决定必须具有合理性，特别是在裁量性行政行为中的运用①。其属于实质行政法治的范畴。

首先，行政执法监管部门要做到平等对待行政管理相对人，不偏私、不歧视。“一单两库一平台”执法监管方式致力于打破过去的属地管辖模式，有利于规避属地监管模式下行政执法监管人员因熟悉各自辖区内的市场主体而出现的“人情监管”现象，有效防范失职渎职行为，使执法监管行为渐趋公平、公正。此外，在“双随机、一公开”抽查过程中，积极探索通过引入公证部门公证或邀请人大代表、新闻媒体、企业代表等直接到现场监督的方式，强化监督双随机的抽查过程，确保抽查行为的公平、公正。

其次，行政执法监管部门要把握好执法的比例。在“双随机”抽查执法监管体制下，行政执法单位可根据各监管领域的实际情况，合理确定抽查比例与抽查次数，此种执法方式既能保障必要的抽查覆盖范围和工作力度，又可避免过多检查所带来的执法扰民问题②。

---

① 参见傅国云《再论行政执法的合理性原则》，《法商研究》1996年第6期。

② 参见马怀德、王柱国《城管执法的问题与挑战》，《河南省政法管理干部学院学报》2007年第6期。

此外，针对社会公众重点关注、列入异常经营名录或者黑名单等情况的市场主体，行政执法单位可以适当提高对它们的随机抽查频次，使执法监管的手段与结果更具合理性。

3. 程序正当原则

此处的程序即行政执法过程中执法行为方式和步骤。行政执法监管行为有不同的种类，因而也就有相应不同的程序。行政执法单位和执法人员在具体实施某种执法行为时，要严格遵守相应的法定程序，以程序的公正推动实体的公正。

过去，在行政执法领域或多或少存在一定的“重实体、轻程序”现象，而程序违法也会导致执法行为的违法和无效。因而在构建“双随机、一公开”新型执法监管方式时，应当将程序正当原则作为制度构建的重要考量因素，落实各项程序制度建设，规范行政主体的行政行为，特别是行政自由裁量行为。随着社会经济发展，行政主体对某些事项有很大的裁量空间，这些空间是行政裁量权行使的领域。实体上，法律规范无法对裁量范围内的事项作出明确规定，此时必须依靠正当程序发挥规范作用。

4. 行政效率原则

行政效率是行政管理的生命线。在开展“双随机、一公开”抽查过程中，对市场主体的信用信息进行分类监管，实施差别化分类监管：对信用良好的市场主体，主动减少双随机抽查的次数与频率；对信用较差的市场主体，则增加对其进行双随机抽查的比例与频率。通过这种方式，强化市场主体的自律性，调动社会的监督力量，力争动用最少的执法人员，在最短的时间内，尽量降低经济耗费多办事，取得尽可能大的社会效益与经济效益，进而提高行政执法监管效率。

5. 诚实守信原则

行政机关公布的信息真实、全面、准确是诚实守信原则的内在要求[①]。公民可基于对行政机关公布的信息的合理信赖作出决定。“双随机、一公开”将建立起检查事项清单、检查人员名录库、监管对象信息库、市场监管信息平台。严格以“随机抽取、动态调整、全程留痕、平台公示”为运行规则。执法检查人员在整个执法检查过程中，应配备电子化执法检查记录仪器及设备进行全程录音录像，所记录的音像资料上传市场监管信息平台予以保存。检查结果对接监管对象的信用体系，依法向社会公示。实现行政执法程序的可视化。

6. 权责统一原则

行政机关依法履行社会管理职责时，要严格遵守法律法规，按照法定程序，依法行使法律赋予的执法职权。行政机关违法或者不当行使职权，应当依法承担法律责任，实现权力和责任的统一[②]。“双随机、一公开”制度中的检查事项清单，将依法向社会实时公布具体事项的法定检查主体、法定检查事项、法定检查内容、法定检查依据、法定检查方式等。行政执法人员应依据检查事项清单的规定依法履责，行政相对人也可对照检查事项清单维护自己的合法权益。

二 实施“双随机、一公开”抽查监管的现实意义

为加快推进转变政府职能，达到进一步简政放权、放管结合、

① 参见张千帆《政府公开的原则与例外》，《当代法学》2008年第5期。

② 参见刘曼《工商行政管理监管执法工作中的责任风险与规避对策》，西南大学硕士学位论文，2011。

优化服务的部署和要求，创新政府管理方式，规范市场执法行为，在规范事中事后监管改革中，提出建立随机抽取检查对象、随机选派执法检查人员的“双随机、一公开”抽查机制。

（一）“双随机、一公开”是推行简政放权、放管结合、优化服务改革的战略举措

深化简政放权、放管结合、优化服务改革是推动社会经济持续健康发展的重要举措，推进行政管理体制改革是全面深化改革、完善社会主义市场经济体制的重要内容，也是提高政府现代治理能力的关键举措。经济体制改革的核心问题是处理好政府和市场的关系，关键是转变政府职能。政府职能转变的重点是由事前审批转为加强事中事后监管。让“放”先行、“管”跟进，以科学有效地“管”促进更大力度的“放”，保障经济发展活而不乱，有序运行。

（二）“双随机、一公开”是激发市场活力，减轻企业负担的有效抓手

市场主体是活跃市场内生动力的源泉，是社会经济财富的创造者，经济发展的根本在于活跃市场主体。全面推行“双随机、一公开”监管，就是要着手治理扰企行为，让经营者的合法行为不受干扰，让经营者的违法行为时时处处受到监管。通过建立信息共享、信用约束、联合惩戒、举报监督等一系列制度，加大市场主体失信行为的成本，保障市场大门打得开，竞争秩序管得住，各类企业活得起，从而营造一个法治化的市场环境和公平竞争的营商环境，更好地为企业和社会群众创新创业服务。

（三）“双随机、一公开”在尽量少动用行政人力资源的同时强化市场主体监管，解决了为各类市场主体营造公平竞争的发展环境的燃眉之急

行政人员执法的检查事项清单是根据法律法规及规章的规定，将法定检查主体、法定检查事项、法定检查内容、法定检查依据、法定检查方式等制作为检查事项清单。“法无授权不可为”即行政人员必须依照检查事项清单上的内容、依据、方式执法，明确权责边界，有权也不能任性。同时依据“法定职责必须为”对检查事项清单上出现的检查事项、检查内容，行政执法人员必须依法履职，杜绝以往执法过程中出现的“选择性执法”。对于各类市场主体来说，“法不禁止即自由”，在经营过程中和接受监管监察时检查事项清单可作为明确的参考依据。

（四）“双随机、一公开”是行政监管体制改革、建设廉洁政府的迫切需要

任性执法、暗箱操作、人情监管等一直是行政执法监管中的“顽疾”。创新监管体制，全面推行“双随机、一公开”监管模式，无疑为行政执法注射了一支强心针、兴奋剂。检查人员和检查对象都是由规则产生，不能再“看谁不顺眼”就去检查，有效解决了“任性执法”的问题。由于执法者和被检查者都是随机抽取，有效避免了二者之间可能存在幕后交易的现象，堵塞了寻租空间，解决了“暗箱操作”问题，解决了过去属地监管模式中监管人员因熟悉辖区市场主体而导致“人情监管”的问题。

（五）“双随机、一公开”能优化政府服务，更好地满足人民群众和经济社会发展需求

在过去，行政执法人员与被监管市场主体间总是玩“猫捉老鼠”的游戏。由于对某些监管事项，执法部门间权责不明，交叉执法重复执法现象多发，对合法经营的市场主体造成了很大困扰。“双随机、一公开”探索建立起“黑”“红”名单，通过将合法经营的市场主体纳入“红名单”，并给予其减少抽查频次和降低抽查比例、给予相应的扶持政策。对于屡次违法，拒绝整改，企图以非法手段进行竞争的市场主体，将纳入“黑名单”，其被抽查的频次随之增高。形成了奖惩机制，从而引导其他市场主体摒弃违法违规经营的错误理念，共同打造守法经营的正常市场秩序。深化简政放权，充分发挥市场机制作用，努力提高公共服务水平，使创业创新过程更顺畅，经济发展更通畅，人民群众心情更舒畅。

三　“双随机、一公开”抽查的运行机制

全面依法治国是一场深刻的社会革命，为加强对法治中国建设的统一领导，党中央成立全面依法治国委员会。为推进法治政府建设，推进依法行政，必须严格规范公正文明执法。但受制于传统执法理念，在行政执法领域，法治精神尚待提升。制度化是规范执法的重要手段，执法制度创新是提升依法执法理念的快捷途径。为持续推进创新市场监管理念，转变市场监管模式，改善政府执法方式，规范行政执法程序，成都市政府法制办牵头组织建立“双随机”执法监管机制（见图1），提高监管效能，专项针对长期以来行政执法

领域市场存在的监管失职和检查任性、执法扰民、执法不公、执法不严等问题，打造公平公正的企业竞争发展环境，持续推动“大众创业、万众创新”。

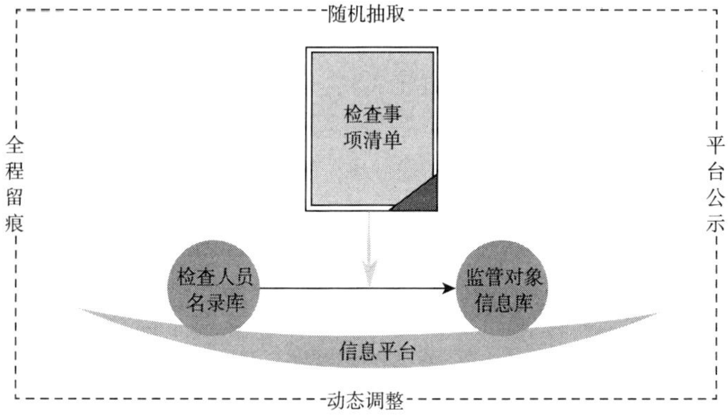

图1　成都市“双随机”抽查执法监管制度

（一）运行载体：“一单两库一平台”

所谓“一单”，即检查事项清单。根据法律法规及规章的规定，将法定检查主体、法定检查事项、法定检查内容、法定检查依据、法定检查方式等制作为检查事项清单。法律法规及规章规定的事项必须进清单，法律法规及规章未规定的事项不得入清单。清单作为执法主体进行执法检查的依据，依法向社会实时公布。

所谓“两库”，即检查人员名录库及监管对象信息库。以执法主体为单位，将该单位具备执法检查资格的人员纳入检查人员名录库，并向社会进行公示，同时建立检查人员名录库的“进退库”机制，定期实时更新。未取得行政执法资格的人员一律不得录入名录库，未入库人员不得进行执法检查。执法主体根据监管对象的特点，按照重点监管领域、市场主体以及主要行为等类别，对监管对象分类建立监管对象信息库。

所谓“一平台”，即市场监管信息平台。该平台依托成都企业信用信息平台，将上下级执法主体之间、政府职能部门之间的监管信息进行互联互通，达成信息共享机制，形成统一的市场监管信息平台。有关两库的信息及监管过程、监管结果均在该平台上进行公示公开，形成监管合力。同时，在执法监管中应用互联网、物联网、视频监控、溯源系统等现代信息技术，并与市场监管信息平台进行信息对接，推进监管信息共享。

（二）运行规则

作为日常监管方式的创新，“双随机、一公开”抽查机制以“随机抽取、动态调整、全程留痕、平台公示”为运行规则。在进行某一具体执法检查时，从监管对象信息库中通过随机摇号等方式，抽取检查对象。

执法检查人员也用同样的方式从执法检查人员名录库中随机选派。合理确定抽查比例和频次，在保证必要的抽查覆盖范围和监管强度的同时，杜绝重复检查、执法扰民。执法检查人员配备电子化执法检查记录仪器及设备，对整个执法检查进行全程录音录像，所记录的音像资料上传市场监管信息平台予以保存。充分运用网络信息技术，全面监控“双随机、一公开”抽查过程，让整个执法过程可视化，实现责任可追溯。将检查结果（包括正面与负面）与监管对象的信用体系进行对接，在向社会公示监管对象的社会信用记录中可查询检查结果。

四 “双随机、一公开”抽查机制的创新亮点

（一）更新了传统的执法理念

以结果为导向的理念导致传统执法过程中执法主体及执法人员只重执法结果，往往随意性执法，有些甚至不重程序，乱作为、慢作为、选择性执法等。近年来，屡屡见诸报端的城管与商贩等执法与被执法者之间的博弈不得不让政府及其部门对传统执法方式进行反思。如何保护被执法者的合法权益？如何确保执法者依法履行执法职责？二者之间的界限应当有统一的标尺。“双随机、一公开”抽查机制即试图成为此把标尺。对被执法者而言，随机抽取执法检查人员目的在于避免同一执法人员固定同一执法片区使被执法者对该执法人员产生“不能得罪，否则会被多次执法”的想法；同样，可以在一定程度上打消被执法者“搞定主管执法人员，即可在其保护伞下违法作为”的念头，从而让被执法者树立“唯有依法经营，方能长久经营”的正常经营之道。对执法人员而言，因被执法人员明白与其搞好关系并不能保证“长治久安”而减少对该执法人员的不当行为，执法人员的廉政风险相对降低；同时，因“熟人执法”减少，执法结果在平台要予以公示，在一定程度上亦能增强执法公正性。

“双随机、一公开”抽查机制对执法人员的执法能力亦有更高要求，让执法人员明确，只有在执法过程中坚持公平、公开、公正的原则，同时严格遵守法定程序，方是保护自己的有效方式。同时，对执法主体而言，下达所谓的执法任务，特别是一定罚没金额的任务将不再可行。“双随机、一公开”将让此种任务下达的合法性与可

达标性不可控。因此，无论是主动还是被动，“双随机、一公开”抽查监管均可能更新执法人员的执法理念。

（二）分类分级建立清单

根据“一单两库一平台”的制度设计，市级及区（市）县不同级别的执法主体、不同类别的执法部门均将建立本级及本部门的检查事项清单。检查事项清单是行政权力清单的进一步体现，行政执法主体在梳理检查事项清单的过程中，可对自身的权责进行梳理确认，重新认识解读依法行政的含义。检查事项清单的确定并非行政主体随意性行为，而应当是建立在法律法规及规章的基础之上，行政检查权的行使直接关系着行政相对人的权益，因此，原则上行政规范性文件及行政非规范性文件所述事项不得进入检查事项清单，这个原则行政主体在确定本部门检查事项清单时必须坚持。检查事项清单一定程度上还起着指导作用，如何使检查事项清单更具指导性，对检查事项进行分类尤其重要，各个部门应当根据行业、执法对象、地域特点等分门别类，科学确定本部门的检查事项清单。

对执法主体而言，检查什么内容，什么时间检查，履行检查职责的执法人员，确定检查的对象等均依照“一单两库一平台”制度中的随机抽查监管制度而产生，并非由执法主体主观确定，这能减少其执法的随意性，增强其执法公正性，解决执法人员“管什么，怎么管”的问题；对被执法者而言，能够预见执法检查的程序与内容，对于超过检查事项清单的检查内容能够相对简易判断，在一定程度上能够起到监督执法人员、保护被执法者合法权益的作用。

（三）建立红黑名单制度

“一单两库一平台”同时匹配“红名单”和“黑名单”制度。通过将合法经营的市场主体纳入“红名单”，并对其给予减少抽查频次和降低抽查比例、给予精神或物质奖励或由相关部门在财政性资金安排、银行贴息贷款、投融资、招投标、土地供应等方面制定出台相应扶持政策等，从而引导其他市场主体摒弃违法违规经营的错误理念，共同打造守法经营的正常市场秩序。对于依旧我行我素，企图以非法手段进行竞争的市场主体，“双随机”机制建立了“黑名单”制度，并将对该部分市场主体加大抽查频次及提高抽取比例，且将随机抽查的不良结果纳入该市场主体的社会信用记录，可对外查询，从而让失信者一处违规、处处受限。“红名单”和“黑名单”制度一正一负，从正反两个方面对市场主体进行引导和规范，让市场主体清楚什么该为、什么不该为，从而自我权衡利弊，自主作出符合社会价值的选择。

（四）探索推行联合执法

执法扰民是民众认为执法检查的重大诟病之一，“双随机、一公开”抽查机制的建立，要求针对同一市场主体不同方面的检查事项，相关行政执法单位应根据实际情况，制订联合检查方案，组织开展联合抽查，提高执法效能，避免重复检查，减少执法成本，降低市场主体成本①。联合执法的各个主体在进行联合执法的过程中，亦应同时遵守“双随机、一公开”的抽查原则及运行规则，各执法主体

① 参见王智博《企业监管中随机抽查联合检查工作探析》，《中国市场监管研究》2016年第7期。

依然是独立的法律主体，各自在权限范围内开展执法行为，进行执法记录，并根据执法检查的情况作出执法决定。在进行联合执法前，执法主体应当将联合执法的时间、内容、执法人员、执法对象等进行公示公告。

（五）确立例外规则

作为对日常监管方式的创新，“双随机、一公开”抽查机制旨在规范主动执法检查，通过制定科学有效的市场监管规则、程序和标准，依法进行监管，因此，其只能针对常规的监管对象。“双随机、一公开”抽查机制的适用系建立在“两例外”基础上：一是对未取得合法许可的市场主体的检查不适用“双随机、一公开”抽查机制，二是对监管信息对象库外的市场主体的信访投诉处理不适用“双随机、一公开”抽查机制。因监管信息对象库外的市场主体具有特殊性、不确定性，在市场主体中占比相对较低，对其监管所适用的法律规则亦有所不同，因此应当有所区分地对待。

（六）确立尽职免责制度

对执法人员而言，什么是日常检查？如何才算是进行了日常检查？这也是长期困扰执法人员的问题。在“双随机、一公开”抽查机制设计下，即使一次都没被“随机”抽取履行执法检查任务，亦被视作履行了执法检查的职责；同理，即使一次都没被“随机”抽取检查，亦视作执法人员对该执法对象进行了检查。同时，“一单两库一平台”随机抽查监管还确立了“容错”机制，即执法人员只要依照“双随机”抽查机制的方式、程序依法履职尽责，事后可对执法人员免于责任追究或减轻追究。此种“容错”机制有利于加快执法人员对随机抽查监管制度的接纳速度与接纳程度。

（七）建立执法人员激励机制

行政主体履行行政职能需要以行政执法人员为载体，因此，利用某种外部诱因调动执法人员的积极性和创造性，使执法人员有内在动力达到行政主体的目的，是制度设计时应当予以充分考虑的。可以说，激励机制运用的好坏在一定程度上决定了“双随机、一公开”抽查机制的成败。“双随机、一公开”抽查机制要求具体的执法主体出台岗位补贴和晋级晋升的相应政策，以保障一线执法人员的稳定性与积极性。

（八）运用“互联网+”

“互联网+”正在深刻影响着我们的社会，同时，对传统行政执法领域亦产生巨大的影响。这种影响不可抗拒，只能主动适应。“一单两库一平台”要求加快对接市场监管信息平台，形成信息共享机制。强化互联网、物联网、视频监控、溯源系统等现代网络信息技术在执法监管过程中的应用。以环境监测部门的执法检查为例，通过在建筑工地安装噪声监测仪，噪声超标则自动报警，数据通过互联网上传至环境监测部门，环境监测部门可实现监管的自动化和常态化。此类技术在行政执法检查中的运用已成为现实。同时，电子数据作为行政诉讼证据的一种类型，已被《行政诉讼法》第 33 条第 1 款第 4 项所确认。对执法人员及执法主体而言，在行政诉讼个案中，承担着证明行政行为合法的举证责任，因此，执法过程中所形成的执法数据变得尤为重要。“互联网+”技术的运用，可以实时将执法检查的过程数据上传至市场监管信息平台，建立和完善行政执法证据保全系统，保证执法数据得以保存，有利于事后个案的应诉、举证。

五　“双随机、一公开”监管改革的成都实践

由成都市人民政府法制办制定，成都市人民政府办公厅印发的《成都市人民政府办公厅关于推广随机抽查　规范事中事后监管的实施意见》（成办发〔2016〕10号），就全市的“双随机、一公开”工作具体开展作出了战略部署。要求各行政执法单位切实履行法定监管职责，明确目标任务、工作措施和时间节点，制订随机抽查监管工作实施方案，该工作已于2016年5月前完成。

为督促各部门和区（市）县政府工作落实，推广随机抽查规范事中事后监管工作被纳入2016年和2017年全市推进依法行政、建设法治政府目标考核。市政府法制办组织对随机抽查监管事项清单制定和公开情况进行了专项督查，并对开展随机抽查监管工作进行了考评。

截至2017年11月，全市22个区（市）县和40个市级行政执法部门制订了实施方案，建立了“一单、两库、一细则”，完成了制度建设，区（市）县工作落实情况占总数的100%。市级部门工作落实情况占应完成总数的100%。22个区（市）县共计11810个事项列入随机抽查事项清单，1095809个监管对象列入监管对象名录库，14987名行政执法人员列入了检查人员名录库。40个市级行政执法部门共计1062个事项列入随机抽查事项清单，986492个监管对象列入监管对象名录库，5145名行政执法人员列入了检查人员名录库。所有相关单位都明确了公开途径，并对外公开。

（一）成都市“双随机、一公开”监管工作情况分析

1. 市级试点部门开展情况

成都市在推行“双随机、一公开”改革过程中，选取了金牛区、双流区、都江堰市、崇州市4个区（市）县和市工商局、食药监局2个部门作为试点，通过先行先试，创造经验，再逐步推开。

（1）成都市食品药品监督管理局工作推进情况

分级建库、全面覆盖。成都市食品药品监督管理局在食品生产领域、药品流通领域首批推广随机抽查事项，拟定了《2016年随机抽查事项清单》，明确了抽查事项、依据、主体等内容，并已于2016年6月底向社会公布。清单还将根据法律法规规章修订情况和工作实际进行动态调整，逐步覆盖食品药品监管各领域和环节。

2016年，成都市食品药品监督管理局拟全面完成两个“一级信息库”建设，将所有监管对象纳入监管视野中，确保随机抽取的公平、公正。在“一级信息库”基础上，成都市食品药品监督管理局拟再相应建立“二级信息库”，对应监管领域、抽查事项、监管环节，建立起专业检查员队伍名录库、特殊企业名录库，在组织开展随机抽查清单中所列检查事项时，能建立当次检查人员系统组、按检查要求随机抽取或抽取监管对象，做到专业背景、岗位职责与监管事项的“三统一”。

大力推进平台建设工作，实现随机抽查事项“痕迹化管理”。成都市食品药品监督管理局已着手开展信息化建设需求梳理，根据抽查机制科学设计抽查方式和各项功能，依托正在建设中的“成都市食品药品监管平台”，设计新增随机抽查系统模块。2016年8月，成都市食品药品监督管理局组织技术人员开展平台建设专

题调研，正式启动平台建设，实现随机抽查事项“痕迹化管理”。

（2）成都市工商局开展情况

成都市工商局采取试点引路、先行先试的方式，2015 年确立了龙泉驿区市场和质量监管局和大邑县市场监管局两个试点单位，进入“双随机”工作试运行阶段，已经取得了良好效果。

随着市工商局“双随机”工作的大力开展，在一个分局，一支 20 人的执法队伍，面对日常监管和巡查的巨大压力，工作中屡屡出现了监管不力的问题。但是在“双随机”工作开展以后，同样是 20 人的执法队伍，有了制度的保障、程序的完善，极大地减轻了执法压力，同时执法效能得到显著提高。据不完全统计，由于“双随机”机制的推广，执法效率提高了 40%，而同时，作为行政相对人和相关人的执法检查对象和老百姓的满意度提高了 100%。

2. 区（市）县试点情况分析

双流区“双随机”工作由双流区政府法制办牵头，采取试点探索路径，增强执法检查人员对双随机制度的理解与信心，免除执法检查人员的后顾之忧。该区探索建立执法检查人员激励考核制度，要求相关部门出台相应政策，对执法检查人员进行激励考核，同时，拟建立尽职免责制度，明确只要执法检查人员在实施“双随机”过程中是依照法定的方式、程序和内容，做到履职尽责，可对其免于责任追究或减轻追究。

双流区从正反两个方面激励与约束执法检查对象，明确政策的价值导向。该区建立“红名单”和“黑名单”制度，对列入“红名单”和列入“黑名单”的监管对象，在抽查频次、抽取比例、投融资、银行贴息贷款、土地供应、招投标、财政性资金安排等方面给予不同的政策。同时，建立“一抽查一通报”制度，将检查结果在规定时限内向社会公示，并及时录入行权平台。

双流区依托双流区公共服务与治理“大联动”综合信息平台，建立全区统一的“双随机”抽查平台，同时建立执法全过程运用电子化手段，做到全程记录，实现责任可追溯。各行政执法单位根据实际工作情况对所有随机抽查事项规定的抽查内容进行细化和量化，制定统一的检查清单，执法检查人员依照检查清单对市场主体进行全方位检查，达到“检查一口清”。建立信访投诉确认违法的适用加重处罚制度和行政处罚决定法制审核制度。纳入随机抽查的监管对象因信访投诉确认违法的适用处罚自由裁量权范围内从重处罚情节。把法制审核作为重大行政处罚的必要环节，未经法制审核或审核未通过的，不得作出处罚决定。

双流区“双随机”工作开展情况只是成都市区（市）县此项工作落实的一个缩影，其他区（市）县政府也都在按照市政府文件的统一要求，有序推进此项工作的顺利展开。

（二）工作推进中存在的问题及因应策略

1. 存在的问题

开展“双随机、一公开”监管，目前还处在初级阶段，与国务院和省政府的要求还有一定差距，不可避免存在一些问题。

一是工作进展不平衡。少数单位工作落实不够深入细致，在建立随机抽查事项清单、检查对象名录库等方面存在畏难情绪，尚未按要求及时完成。

二是“双随机、一公开”机制对执法检查提出了新的更高要求，检查人员综合素质还不能完全适应要求。

三是开展随机抽查在一定程度上增加了行政成本。如一次抽取的监管对象不在同一区域，检查的时间和车辆保障成本将相应增加。

四是在信用监管尚未完全到位的情况下容易造成执法不到位，如部分监管对象长时间没有被抽到，将会成为监管盲点等。

2. 因应策略

针对上述问题，建议从以下几个方面加大工作力度，促使改革工作落地落实。

进一步提高对监管改革的认识。全市各地各部门要认识到监管改革的重要意义和迫切性，增强工作的主动性和积极性。在推进改革的进程中，加强调查研究，及时掌握工作中新情况、新问题，切实推动放管服改革，转变传统监管方式。

3. 建立健全“双随机、一公开”工作机制

明确“双随机、一公开”工作责任，完善考核评价体系，强化对各部门和各地工作考核。大胆创新，形成独具特色的地方监管改革模式，提升区域市场活力和市场监管水平。

4. 广泛运用“双随机、一公开”监管方式

结合区域市场特征，在重点执法领域结合行业特点，加大开展“双随机、一公开”的抽查力度。突出重点、着力提升执法水平，消除任性执法、执法扰民等执法弊病，减少执法负面影响，提升人民群众对执法的公平感和满意度。

5. 注重“双随机、一公开”的结果运用

注重企业诚信体系建设，建立“黑名单”制度，纳入依法公开的企业信用信息，建立信用信息互联互通和共享机制。落实企业主体责任，推行企业产品质量承诺，建立健全质量信用评价体系和奖惩机制，完善分类管理、风险管理等工作机制。

6. 建立健全“双随机、一公开”工作保障

政府相关部门明确执法主体，统一执法程序、执法标识、执法文书，保障规范执法，完善配套机制。突出事中事后监管，推动随机抽查工作履行到位以及随机任务责任落实到位。推行“双随机、一公开”监管履职所需经费应纳入同级财政预算保障。

7. 加强队伍建设和宣传工作

进一步完善培训制度，加大培训力度，把“双随机、一公开”监管操作纳入执法人员实务操作业务培训范围，提高执法人员依法履职的能力，注重运用法治思维和法治方式解决问题。在执法过程中，切实履行“双随机、一公开”，让老百姓知晓政府推行公平执法的力度和决心。

从《人民法院组织法》修订看人民法院内设机构改革

——以深圳新设法院探索实践为基础

龙光伟*

摘　要：《人民法院组织法》的修订是贯彻落实党中央重大决策部署、完善中国特色社会主义法律体系、充分发挥审判机关职能的一件大事。本次修订主要体现在精简机构数量、创新机构设置方式、明确新型机构法律地位以及突出以审判为中心等方面。传统上，法院的机构设置存在行政色彩较浓等弊端。深圳前海法院、龙华法院、坪山法院试点的“N+2”和“5+1+2”模式两种内设机构设置改革，体现了司法体制改革和法律修订的要求，以审判为中心、以法官为重心，实现了提高审判效能的目标。

关键词：《人民法院组织法》修订　内设机构改革　“N+2”模式　“5+1+2”模式

2017年6月8日，全国人大内务司法委员会召开全体会议，讨

---

*　深圳市中级人民法院党组成员、副院长。

论通过了《人民法院组织法（修订草案）》（以下简称《修订草案》）。8月31日，十二届全国人大常委会第二十九次会议分组审议了《修订草案》，这是贯彻落实党中央重大决策部署、完善中国特色社会主义法律体系、充分发挥审判机关职能的一件大事，标志着在前期深入调研的基础上，对相关问题已经达成了较强的共识、有了基本定论。从《修订草案》的具体规定看，修订内容以党的十八大以来司法体制改革实践为依据，力图用法律制度巩固司法体制改革成果，在整体的制度建构上有了较大突破。

《人民法院组织法》是法院组织体系的根本大法，内设机构是组织体系的重要组成部分，《修订草案》对法院内设机构规定的修改，对法院组织体系建设有重要而直接的影响。本文就《修订草案》有关内设机构的规定，结合深圳法院近些年来在新设法院中推行的机构改革，分析此项改革创新涉及的问题。

一　创新与突破:《修订草案》关于人民法院内设机构的主要规定

关于人民法院内设机构的规定，主要体现在《修订草案》第26条和第27条。第26条规定："人民法院根据审判工作需要，可以设必要的审判庭。法官员额较少的中级人民法院和基层人民法院，可以设综合审判庭或者不设审判庭。人民法院根据审判工作需要，可以设综合业务机构。法官员额较少的中级人民法院和基层人民法院，可以不设综合业务机构。"第27条规定："人民法院根据工作需要，可以设必要的审判辅助机构和司法行政管理机构，也可以让社会力量参与审判辅助工作和司法行政工作。"

从上述规定看，法院内设机构主要分三大类，即审判业务机构、审判辅助机构和司法行政机构，其中审判业务机构又可分为审判庭和综合业务机构。第一类是审判庭。审判庭是直接履行审判办案职责的机构。在中级法院和基层法院，机构数量根据工作需要和法官员额数量的多少，采取设立必要的专业审判庭—设立综合审判庭—不设审判庭的递减式设置方式。第二类是综合业务机构。综合业务机构是既履行司法办案职责，同时也承担司法调研、司法政策制定、司法质效管理等职责的综合性业务机构，如研究室、审判管理办公室等。按照《修订草案》规定，中级法院和基层法院根据工作需要和法官员额多少，可以设也可以不设综合业务机构。第三类是审判辅助机构。审判辅助机构是承担诸如诉讼服务、法庭记录、送达等审判辅助事务的机构，在当前的实践中相关职能常常由诉讼服务中心、司法辅助事务中心等机构行使。依据《修订草案》的规定，各级法院均可设必要的审判辅助机构。第四类是司法行政机构。司法行政机构是法院内部行使司法政务管理职权的机构，如政治部（处）、办公室等，根据新的修订精神，各级法院均可设必要的司法行政管理机构。

对比现行组织法的规定，不考虑社会力量参与这一因素，《修订草案》对内设机构的规定，其创新与突破主要体现在以下方面。一是精简机构设置数量。机构设置数量以满足工作需要为前提，同时考虑法官员额数量多少，以“必要”为原则作出限定。应该说，《修订草案》十分明显地传递出精简机构数量这一精神要求。二是创新机构设置方式。相比现行组织法规定的基层法院“可设刑事审判庭、民事审判庭、经济审判庭”、中级及以上法院“根据需要可以设其他审判庭”，《修订草案》以设置“审判庭”“综合审判庭”“综合业务机构”的规定，对机构设置方式作了较大突破。三是明确新型机构的法律地位。随着司法改革的逐步深入，对综合业务、审判辅助工作的性质、内涵与外延也逐步有了更加深入的认识和思考。《修订草案》对此作出明确规定，为这类机构的设置提供了明确的法律依据，也从法律上明确了其职能地位。四是突出以审判为中心的设置要求。《修订草案》对内设机构的四分法，同时也是对机构职能的明确，构建起以审判庭为核心，以综合业务机构为延展，以审判辅助机构、司法行政管理机构为保障的机构设置体系，配合其他规定，进一步凸显了以审判为中心的资源配置体系、权力运行体系。

二　问题与弊端：法院内设机构传统设置模式的不足

在传统的机构设置模式下，各法院均按司法行政部门、审判业务部门和直属行政机构等进行分类设置，司法行政部门设政治部（处）、办公室、监察室等部门，审判业务部门设立案、刑事、民事、行政、执行、审监等业务庭室，直属行政机构均设立司法警察大队。这一设置模式有以下不足。

一是机构设置的行政色彩较浓。受历史、政治、文化等多种因素的影响，法院在设置内设机构时，侧重于从行政管理的角度出发，沿用普通公务员的管理模式，更多考虑是否利于加强对审判工作及法官队伍的管理、是否利于提高机构行政级别、是否利于增加干部职数等，没有很好地体现围绕审判工作主业来设置机构、以审判为中心来配置司法资源的机构设置宗旨。综合管理部门人员偏多，审判业务部门和司法行政部门人员配比不尽合理，司法行政部门为审判工作服务的定位未能充分体现，审判机关的职能作用未能得到最大限度发挥，人力资源配置未能完全实现向审判业务一线倾斜。

二是法官的主体地位难以体现。各法院一般以业务庭为单元进行管理，在传统的行政管理模式下，法官从属于院庭领导，由院庭领导安排任务，向院庭领导汇报工作，直接接受院庭领导的管理和监督。同时，司法行政部门也经常给法官安排非审判业务范围内的任务并将完成情况纳入对法官的考核，更多地强调“对法官管理”，缺少“为法官服务”，法官的主体地位和职业尊荣难以体现，法官依法独立行使审判权的氛围尚未形成。同时，法官助理、书记员等审判辅助人员的考核管理由业务庭统一实施，法官与审判辅助人员只是业务上的指导关系，对审判辅助人员的管理、晋升、奖惩等方面缺少发言权，法官的积极性、主动性难以发挥。

三是内设机构设置未能因地制宜。各法院的“三定”方案基本都是按《人民法院组织法》的有关规定来制定，主要内设机构设置基本雷同，未能考虑不同地区法院受理案件量和管辖人口数量多少、辖区面积大小、经济总量高低等实际情况。以深圳传统的六个基层法院为例，各基层法院的司法行政部门均设政治处、办公室、监察室三个部门，审判业务部门均分设立案、刑事、民事、行政、执行等业务庭室，直属行政机构均设立司法警察大队，主要机构的设置未能体现各基层法院自身的个性特征。

四是内设机构设置相对臃肿。由于内设机构的数量与各法院的领导职数及非领导职数的名额直接挂钩，为满足干部成长进步的需要，各法院无论机构设置有无必要，均争取多设，有的法院甚至将机构数量的多少作为一种政绩来看待。在深圳传统的六个基层法院中，内设机构最少的盐田区法院达到 12 个（不包括自设机构），内设机构最多的龙岗区法院多达 25 个。由于内设机构设置过多、分工过细、职能有所交叉，法院工作运行及监督成本增大，管理难度增加，原本可以合并的业务分由多个部门承担，由于部分工作职责交叉重叠，部门间存在相互推诿的现象，影响了法院整体工作效率的提高。

五是执行权与审判权相互交织。各法院均设立了执行局，有的法院将具有审判权性质的执行裁决权与非审判权性质的执行实施权由执行局统一行使，执行实施权与执行裁决权难以发挥相互制衡、相互监督的作用，审判权与执行权的权力边界不够清晰。同时，部分法院存在重审判轻执行的认识误区，认为执行工作是审判工作的延续，将执行看成是审判的附属程序，制约了执行工作专业化水平的提高，以及执行工作质量和效率的提升，影响了执行工作的权威性，也增加了执行工作的推进难度。

六是人案资源调配存在局限性。在传统业务庭设置模式下，同一类型案件归口同一业务庭审理，由于各业务庭分工过细，当某类型案件增长或下降幅度过大时，需要对该业务庭的案件或人员进行统一调配，而案件或人员在不同业务庭之间的调配往往存在一定的滞后性，会影响结案均衡度的提高。同时，在对案件进行分流或对人员进行调整时，由于跨专业领域办案，法官需要一个熟悉相关业务和统一裁判标准的过程，对案件审理的质量和效率也会造成影响。

三　探索与实践：机构设置新模式的深圳法院样本

随着党的十八大以来司法体制改革的不断深入，法院内设机构改革也被提上日程。深圳早在2014年底筹建深圳前海合作区人民法院时，即已开始探索法院内设机构设置新模式。2016 年 8 月 18 日，中央编办和最高人民法院共同印发了《省以下人民法院内设机构改革试点方案》。2016 年底，深圳龙华区、坪山区人民法院获批设立，并被确定为广东法院内设机构改革试点单位。在内设机构设置方面，深圳分别形成了前海法院和龙华、坪山法院两种既有共性也有区别的设置模式。

（一）前海合作区法院的“N（审判团队）+2（内设机构）”模式

深圳前海合作区人民法院于 2014 年 12 月 2 日经最高人民法院批准成立，目前核定政法专项编制 80 名。前海法院除管辖前海合作区内应由基层法院管辖的第一审民商事案件外，同时集中、跨区划管辖深圳市辖区应由基层法院管辖的第一审涉外、涉港澳台商事案件，以及前海蛇口自贸片区范围内第一审一般知识产权民事案件。

在筹备阶段，前海法院建设就得到最高人民法院的高度重视和大力支持。最高人民法院要求将前海法院打造成为综合性司法改革示范法院、具有国际公信力的法院、代表中国法院未来发展方向的样板法院。为落实最高人民法院的这一要求，在筹备、建设过程中，深圳中院和前海法院坚持高起点、高标准、高规格抓好筹建方案、发展规划的研究制定和推进落实，建立起“N（审判团队）+2（内设机构）”机构设置模式。“N”即前海合作区人民法院不设审判业务庭，根据业务需求，围绕主审法官建立若干专业审判团队，全面落实主审法官办案责任制，构建扁平化审判管理格局；其执行实施工作由市中院执行局负责，执行裁决权由前海法院相应的审判团队行使。“2”即仅设置司法政务处、审判事务处两个综合部门，通过团队化运作，分类实施传统法院近20个部门以及审判庭的部分司法行政、审判辅助职能。

司法政务处按正处级建制，负责人事党务、行政事务及后勤服务等工作，是为审判执行工作提供人力资源保障和行政后勤服务的司法行政部门。其具体职责细化为六大类：一是负责党务人事事务，即政治工作、党务工作、人员考勤、考核、任免、晋职、晋级等事务；二是综合文秘事务，即对外联络、机要监章、公文办理、组织会议、保密管理、合同管理等事务；三是财务装备事务，即编制经费预算、管理司法经费、固定资产管理等事务；四是信息档案事务，即信息化建设、电脑设备及网络管理、档案管理等事务；五是后勤支持事务，即法院物业、车队、绿化、图书馆、宿舍、食堂、采购、库房、文印管理等事务；六是警务支援事务，即司法警务及法院安保管理等事务。

审判事务处按副处级建制，主要负责诉讼服务、审判管理、司法辅助事务等工作。其具体职责细化为四大类：一是负责诉讼服务事务，即立案登记、案件分配、诉调对接等事务；二是案件管理事务，即司法统计、审判流程管理、审判流程监督等事务；三是司法辅助事务，即司法鉴定、诉讼保全、裁判执行等事务；四是调研宣传事务，即综合材料、信息宣传、调查研究、司法公开等事务。

在具体运作机制上，两个处室按照前述事务分类，分别设立相应的事务中心，进一步细化职责事务，配置事务主任和事务助理，将具体职责落实到每一个岗位、每一个人员。

（二）龙华、坪山法院的“5+1+2”模式

龙华、坪山法院是2016年底获批设立的行政区法院，作为广东

省法院内设机构改革试点单位，其机构设置方案经广东省编办同意后，得到市编办批复。其内设机构设置模式可简要概括为“5+1+2”模式。“5”即设立5个审判业务部门，分别是立案庭、刑事审判庭、民事审判庭、速裁庭、执行裁决庭；在业务部门内部，组建主审法官团队；再审案件、涉及知识产权的行政案件（其他常规行政案件已集中由深圳盐田区法院管辖）及指定由两区法院审理的其他案件指定审判团队进行审理；龙华、坪山法院的执行实施工作由市中院负责，执行裁决工作由该两院的执行裁决庭负责。“1”即设司法警察大队1个直属行政机构。“2”即设立司法政务处、审判事务处2个内设机构。

龙华、坪山法院在审判辅助机构、司法行政管理机构设置方面承袭了前海法院模式，所不同的是，在审判业务机构方面，按照业务大类，设置相应审判庭和司法警察大队，其相应职责是：立案庭负责立案、信访、司法救助申请审查工作、刑事申诉和民事申请再审案件的审查处理工作，刑事审判庭负责审理除刑事速裁案件外的各类刑事案件，民事审判庭负责审理除民事速裁案件外的其他各类民商事案件，速裁庭负责审理民事、刑事速裁案件，执行裁决庭负责行使执行裁判职能，司法警察大队负责司法警务工作。

在审判庭的设置方面，除传统的立案、刑事、民事庭外，新设了速裁庭，其主要考量在于：近些年来，为积极应对案件增长态势，破解案多人少矛盾，深圳法院全面深化速裁工作改革，对速裁案件实行归口、集中由一个业务机构办理，构建起全口径覆盖、系统性分流、标准化速裁机制，以提高速裁的规模化效应。改革推行以来，深圳市法院以16%的法官办结同期53%的案件。这项改革入选全国法院司法改革示范案例，两级法院均被确定为全国案件繁简分流机制改革示范法院。设立速裁庭，便于对符合民事速裁及刑事速裁要求的案件实行集中审理，优化司法资源配置，提高审判效能，实现“繁案精审、简案快办”的审判目标。

至于新设的执行裁决庭，则是深圳法院在多年探索审执分离改革基础上的一项重要创新。《中共中央关于全面推进依法治国若干重大问题的决定》提出“完善司法体制，推动实行审判权和执行权相分离的体制改革试点”的要求。适应这一要求，深圳率先在前海法院开展改革探索。遵循审判权作为判断权和裁决权的权力运行规律，在明确执行工作中涉及的审判权与执行权权力边界基础上，前海法院不设执行机构，具有审判属性的执行裁决权由该院相应审判团队行使，具有强制执行属性的执行实施工作由市中院执行局负责，实现了审判权与执行权在法院内部的权力行使机制分离、行使机构和人员分离，构建起科学合理的执行权运行新机制。实践证明，这一模式有助于加强审判权与执行权的互相监督制衡，提高执行效率、效果。在总结前海法院实践经验基础上，为进一步深化审执分离改革，有必要设立执行裁决庭。

考虑到司法警察的职能、性质和管理模式不同于普通审判事务，具有一定的独立性，且深圳法院目前已实现司法警察单独序列，在业务体制上实行“双重领导，编队管理”。如果将司法警察大队纳入其他部门管理，新的管理部门与司法警察的职能难以融合，上级司法警察部门的管理职能难以有效实施，受训考核等亦无法纳入司法警察的单独体系中。因此，单列司法警察大队有利于司法警察队伍的规范化管理，便于按照司法警察序列进行单独考核，确保警务保障职能落实。

四　参考与借鉴：对深圳新设法院两种内设机构设置模式的评析

深圳法院对内设机构的改革探索取得较好效果。最高人民法院工作报告肯定了“按新模式设立前海合作区人民法院，为改革提供可复制、可推广的经验”；作为广东法院内设机构改革试点单位，龙华、坪山法院的机构设置方案历时近一年、经省市两级法院研究、省市两级编制部门审核批准，经过了深入的调研论证，前有前海法院的探索实践经验，后有中央编办、最高人民法院《省以下人民法院内设机构改革试点方案》为依据，其机构设置方案相对成熟，对案件数量较多的法院有较强的针对性和一定的代表性。无论是深圳前海法院的“5+2”模式，还是龙华、坪山法院的“5+1+2”模式，对下一步深化法院内设机构改革都值得参考借鉴。

一是契合了《修订草案》的规定要求。在机构设置类型方面，两种模式均按照审判业务机构、审判辅助机构和司法行政管理机构来设置，契合《修订草案》的分类设置要求；在审判业务机构上，前海法院不设审判庭，龙华、坪山法院设立审判庭，分别对应《修订草案》规定的不同情形。在机构设置数量方面，前海法院作为跨区划管辖的法院仅设 2 个内设机构，龙华、坪山法院作为行政区法院仅设 8 个内设机构，相较于传统法院，机构大幅精简，契合了《修订草案》关于内设机构设置的“必要性”原则。

二是体现了党的十八大以来司法体制改革的要求。党的十八大以来，中央部署开展了一系列司法体制改革任务，对一些事关全局性的重大改革措施，深圳法院率先探索实践，如率先开展人员分类管理和法官职业化改革、率先落实审判权力运行机制和司法责任制改革、率先推进审判权与执行权相分离体制改革、率选探索司法行政事务管理权和审判权相分离改革，同时全面系统推行繁简分流机制改革、多元化纠纷解决机制改革，等等。深圳新设法院的机构设置、团队配置都是对这些改革探索经验的总结和升华，高度契合了党的十八大以来的司法体制改革要求。

三是反映了以审判为中心、以法官为重心的资源配置要求。无论是前海法院的“5+2”模式还是龙华、坪山法院的“5+1+2”模式，内设机构均围绕审判工作这个中心来设置，在压缩司法行政人员的同时，减少法官的数量，把更多的人力资源配置到审判业务机构、配置到审判一线，同时，突出审判辅助机构、司法行政机构的辅助、保障职能，促进法官和合议庭独立公正高效行使审判权。充分尊重法官的主体地位，以法官为核心建设审判团队，为法官配备满足实际工作需要的审判辅助人员，人员配置和机构设置都体现了由管理法官向服务法官、管理审判向服务审判的转变。

四是达到了提高效能的目标要求。机构设置改革的根本要求是优化资源配置，理顺工作机制，建设科学合理、高效顺畅的内设机构体系，挖掘有限资源的最大效能。深圳新设法院在机构设置中首先厘清职权事务清单，机构因事而设，再因事设岗、以岗配人，建立起资源整合、事务集约办理、管理扁平化的工作格局，克服了职能交叉所导致的低效问题，减少了管理层级和成本。例如，前海法院在司法政务处这一机构设置下，从处长到事务助理的各岗位，编制了220项职权清单，改变科层制“点对点”的行政运行模式，建立以事务团队为载体的“点对面”集约化运行模式，极大提高了司法行政管理的效率、效能和效果。

未成年人犯罪基础原因解构和预防体系构建

——以心理依恋、控制模型为分析路径

王振乾*

摘　要： 本文从未成年人犯罪的原因入手，分析家庭在未成年犯罪中的促进或者抑制作用，沿着“实证研究—特点分析—关系探讨—对症下药”的逻辑，通过对未成年人犯罪案例和数据分析总结未成年人犯罪的行为特点和心理特点以及心理矛盾，结合心理学模型提出未成年人犯罪主要原因在于家庭教育，进而提出通过改善家庭教育实现预防未成年人犯罪的构想，设计事先预防和事后惩治相结合的家庭教育体系。

关键词： 家庭教育　未成年人犯罪　心理模型　犯罪预防

经过长期实践，我国构建了家庭、学校、社区三位一体的未成年人犯罪预防和矫治体系。然而，在现实中部分父母“履职”并不

*　北京市高级人民法院法官助理。

尽如人意。问题家庭出现问题少年已经成为一种“魔咒”，轻则滋生不良行为，重则导致刑事处罚。家庭教育和未成年犯罪具有何种关系？如果二者存在因果关系，其逻辑基础是什么？如何开展良好的家庭教育？这些问题都有待实证考察。

一　实证考察：未成年人犯罪的特点及心理分析

根据《刑法》关于刑事责任年龄和《未成年人保护法》关于未成年人年龄的规定，未成年人犯罪是指已满 14 周岁不满 18 周岁的人构成的犯罪。而从社会学和犯罪学角度出发，通常将上述刑事责任年龄范围向两个方向延伸：一方面，从犯罪预防教育角度看应延伸到义务教育阶段，即 6 周岁；另一方面，因为社会化过程相对延长，开始独立生活较晚，在犯罪学研究中一直将 18~25 周岁的人作为青少年犯罪的研究对象，一般情况下 22 岁大学毕业，将 25 周岁以下的人列入预防犯罪的对象情况较符合实际。按照心理学划分的年龄阶段，在少年期（11、12 岁至 14、15 岁）和青年初期（14、15 岁至 17、18 岁），生理发育和心理发育不平衡，主观和客观之间的矛盾冲突更为激烈，是未成年人社会化的关键时期，如果解决了这一特定阶段的社会化问题，他们的身心就会得到健康成长，否则其社会化就会偏离正确轨道，出现不良行为，甚至走上犯罪道路。

（一）未成年人犯罪案例分析

案例一：李某某（15 岁）系某中学学生，经常逃课，性格固执，叛逆心理明显，多次辍学打工的经历使其自我行为管束方面日益松懈。李父在外和一女子保持不正当关系。李某某与一群朋友将同校女生王某某骗至男生宿舍，并将王某某强奸，后被法院认定构成强奸罪。

分析：李父存在监护失职，其和李某某缺少精神上的沟通交流，不关注李某某的内心想法，而对李某某的行为缺乏督促和纠正，也没有对青春期少年常见的行为偏差进行适时的管教和疏导。从作案形式看，问题少年极易结伙作案。不良少年之间相互模仿，进一步扭曲了未成年人的价值观念。

案例二：2016 年 4 月 18 日 1 时许，严某、苗哥、苗弟、石某在 B 市×区某某街西侧附近，无故将一名精神异常的老年妇女打倒在地，后脱光老年妇女的衣服对其进行长时间殴打。其间，苗哥持打火机烧老年妇女的头发，并与石某、苗弟侮辱老年妇女。经法医鉴定，老年妇女全身体表多处软组织损伤，双侧肋骨多发骨折，硬膜下积液，损伤程度为轻伤（偏重）。严某、苗哥、苗弟、石某作案后，于 5 月 21 日被公安机关查获归案，经讯问，苗哥、苗弟系兄弟关系，父母早亡，长期跟随奶奶生活。

分析：由于未成年人情感不够稳定，自制能力差，需要监护人教育管理，否则容易受到特定情境影响而引发犯罪。如果平时一味纵容，不注重思想品德教育，没有形成道德约束观念，在进行犯罪活动时往往手段残忍，甚至带有戏谑性质。

案例三：2016 年 4 月，李某某（17 岁，绰号夏某某，无业）、陈某某（16 岁，无业）与王某在北京市海淀区五道口白夜网吧、北京市大兴区黄村镇龙淇网吧、海子角网吧、长途站网吧等地点连续作案，盗窃现金、手机等财物。李某某被法院判处拘役三个月，并处罚金人民币五百元。

分析：从对未成年犯和问题少年的改造情况看，一方面监狱改造力度不够，有的少年犯过去只是“一面手”，从监狱出来后变成“多面手”；另一方面，家庭教育效果不佳，出于教育目的，公安机关不予处罚或者检察机关决定不予起诉后，家庭教育没有同步跟进或者约束不够，未成年人法制观念没有改善甚至进一步藐视法律，反而变本加厉。有学者将这种情况通俗地比喻为“戏鼠”—“养猪”模式，最终受到伤害的还是未成年人自己。

（二）未成年人犯罪的数据分析

1. 不完整家庭未成年人犯罪总体呈上升趋势

最高人民法院研究室课题组[①]通过对北京市、广东省、河南省五年间（2009~2013 年）判处的未成年罪犯进行抽样调查，分析发现，14486 个有效样本中有 2004 名未成年罪犯来自不完整（离异、单亲、服刑在教人员、重组）家庭，占抽样样本人数的 13.83%。其中，对 9499 个有效样本进行年度分类显示，不完整家庭未成年罪犯占全部未成年罪犯的比例虽有小幅波动，但总体呈增加趋势：2009 年为 12.68%，2010 年为 12.32%，2011 年为 12.55%，2012 年为 14.85%，2013 年 1~6 月份为 17.90%，可见不完整家庭未成年人犯罪总体呈上升趋势（见图 1）。

家庭结构完整是未成年人社会化的坚实基础。如果家长能依法全面履行监护职责，就可以引导子女树立正确的价值观，抵御社会不良影响。不完整家庭则不利于家庭对未成年子女的教育功能发挥，不能有效抵御未成年人在社会化过程中所受到的消极因素的影响，进而导致未成年人形成越轨价值观，产生不良行为甚至违法犯罪

① 课题组组长：胡云腾；副组长：马东。成员：蒋明、岳琳、马剑。执笔人：方芳、常晖、刘立杰。

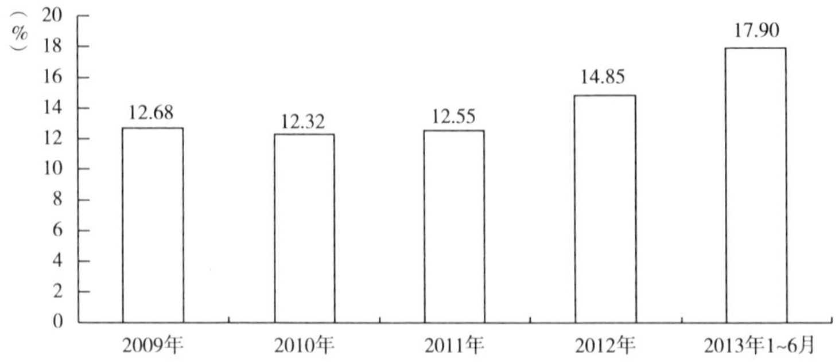

图 1　不完整家庭未成年罪犯比重

行为。

2. 不完整家庭未成年罪犯非监禁刑适用率较低

通过对五年期间（2009~2013 年）全国法院系统办理的 1476 名来自不完整家庭未成年罪犯的量刑情况进行统计显示，不完整家庭的未成年罪犯被判处的刑罚相对较轻，有 76.97%的人被判处三年以下有期徒刑，但被判处非监禁刑的比例相对较低，仅占统计样本总数的 29.00%，明显低于全国平均水平（36.91%）。

当前我国社会 14~18 周岁的未成年人存在“双失”（失学+失业）现象。如果家庭教育未能及时跟进，不能充分发挥矫治作用，这部分未成年人容易产生不良行为乃至犯罪。不完整家庭往往难以履行监护职责，在学校、社会尚未建立有效的监管机制的情况下，他们实际上处于失管状态，一旦受到环境等因素的不良影响，极易走上犯罪道路。基于不完整家庭缺少监管、教育条件，再犯风险较大等因素，这些家庭中的未成年人缓刑适用率相对较低，换句话说，家庭不完整剥夺了部分未成年人适用缓刑的机会，导致这部分未成年人的处境更加艰难。

3. 完整家庭的功能缺失成为未成年犯罪的诱因

根据全国未成年犯抽样调查，2013 年对 10 个省份 990 名未成年犯的调查数据显示，未成年犯与父母的关系中，溺爱情形超过三分之二，即过于疼爱与不当顺从未成年人；另有 22%严重缺乏父母关爱，如不管不问、经常打骂，其中占比最高的是不管不问，约占 8.6%。未成年犯“觉得不能正常得到父母关爱”的占 22%，未成年犯认为自己存在情感交流障碍的占 21.4%[①]。由此看出父母的正常关爱对未成年人的情感交流存在重要影响，严重欠缺父母正常关爱的未成年人极容易出现情感交流障碍。

通过上述数据可以看出，虽然在不完整家庭中成长的未成年人犯罪率高于健康家庭中的同龄人，不完整家庭与犯罪的联系在统计学上存在显著的正相关，但家庭环境并不是由单个因素决定的，家庭环境对未成年人犯罪的影响具有间接性，其主要通过家庭功能缺失表现出来。换言之，如果不完整家庭成员对未成年家庭成员的支持程度高、成员之间家庭关系好，家庭结构不完整对未成年人的消极影响就会被削减甚至被抵消。因此，家庭成员间的关系往往比家庭结构更重要，不完整家庭中的未成年人需要家庭成员更多的关爱、教育和引导，需要学校、社会给予更多的关心和帮助。

（三）未成年犯罪人的行为和心理特点

通过前述案例和数据分析发现，未成年人的犯罪行为具有如下特点。一是团伙性，未成年人以团伙形式作案较多，其严重危害性远远超过了个体犯罪。二是模仿性，由于受到不良文化的影响，其

---

① 路琦、董泽史、姚东、胡发清：《2013 年我国未成年犯抽样调查分析报告》，载《青少年犯罪问题》2014 年第 3 期。转引自游涛、张莹《以强制性亲职教育问责教养失职监护人——罪错未成年人监护人法律责任探究》，载《预防青少年犯罪研究》2015 年第 1 期。

价值观念、行为方式扭曲。三是戏谑性，由于部分未成年人辨别能力差，是非观念不够分明，没有明确的利益诉求，为寻求刺激往往不择手段，具有残酷暴力的戏谑性特点。四是冲动性，因为控制能力差，临时起意的激情型犯罪较多。犯罪行为的特点是表象，更重要的是透过现象看本质，发掘未成年人行为的内在驱动力，因此需要透过上述犯罪行为考察未成年人的心理问题。

根据俄罗斯心理学家列维托夫的研究，心理现象包括心理过程、心理状态、个性心理三个方面，其中个性心理更为稳定。个性心理结构中具有道德和法律属性的多重消极心理因素和缺陷的综合就是犯罪心理结构[①]。犯罪心理结构是犯罪行为的内驱动力（见图 2），结合前述行为特点，未成年犯罪人的心理特点包括以下四个方面。

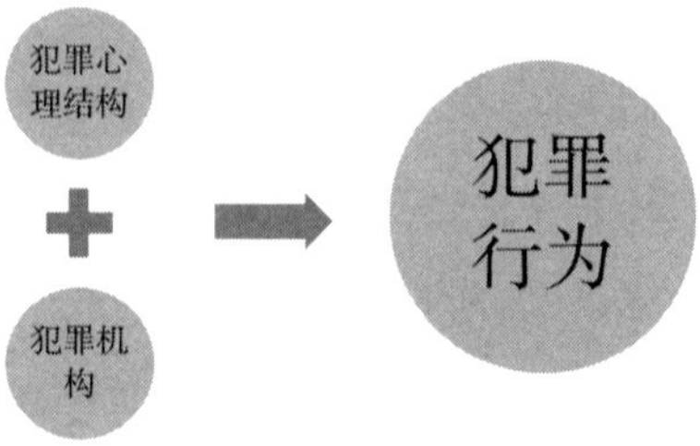

图 2　犯罪行为的构成

1. 认知结构缺陷，是非观念不明

从上述案例和数据可以看出，未成年人没有清醒的自我认知和社会定位，知识结构不完整，对其自身及主客体的关系认识并不明确，属于不成熟或者歪曲的自我意识，表现为任性、放纵、狭隘、固执、片面等特点。随之而来的是法律意识极为淡薄，甚至蔑视法

① 罗大华：《犯罪心理学》，中国政法大学出版社，2007，第 31 页。

律，缺乏守法的行为素养。

2. 自制力薄弱，独立性较差

未成年人意志品质薄弱，缺乏对社会、集体、他人的责任感、义务感、同情感，冒险侥幸心理突出，由于意志薄弱，未成年人往往经不起社会不良因素的影响和他人引诱。此外，其无法忍受孤独，容易依靠同伴的不良行为作为其心理上的依赖。因此在前述三个案例中，未成年人均以团伙形式作案。

3. 精力旺盛，过度活跃

处于青春期的未成年人身高、体重、外形等基本趋同，个别甚至成长更早，未成年人出现了成人感，体力充沛而活跃，随着生理发育成熟，第一性征日渐成熟，自然欲望产生，第二性征日趋明显，无论是生理需要和心理需要，还是社会上的需要都日益凸显，直接影响心理发展，伴随成长的各种不适和烦恼。

4. 神经偏敏感，自尊心过强

未成年人渴望得到别人的尊重，对别人的评价极为敏感，任何有损其自尊心的言辞和表情动作都可能引起叛逆心理。情感的冷酷表现为缺乏同情心，甚至将自己的快乐建立在别人的痛苦之上，从案例二可以看出未成年人的思维方式幼稚，行为具有戏谑性，神经敏感，容易发生寻衅滋事行为。

（四）未成年人的心理矛盾分析

从未成年人犯罪的心理特点可以看出，未成年人的心理状态尚不成熟，内在矛盾突出，找到这些矛盾才可能有效预防未成年人犯罪（见图 3）。

1. 生理发育和心理发育的矛盾

生理发育是心理发育的基础，但二者的发展并不同步。一是精

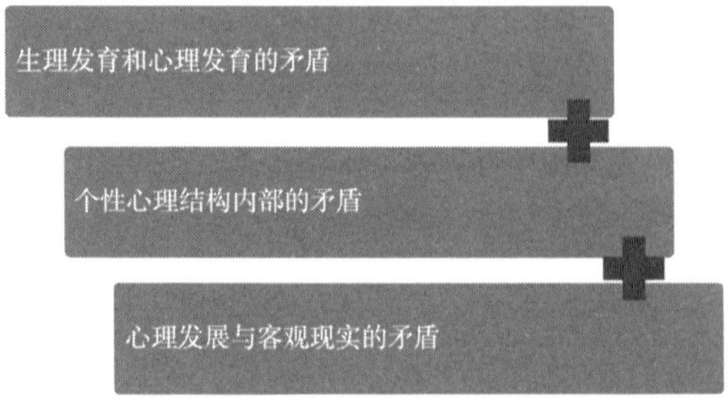

图3　未成年人的三对心理矛盾

力旺盛和自制能力差的矛盾，特别是心理水平的提高相对缓慢，相对于生理发育较为滞后，精神空虚的少年容易将过剩精力用于进行违法犯罪活动。二是过度活跃和认知结构缺陷的矛盾。未成年人具有极强的好奇心，心理上探求能力和好奇心也加速发展，但是认识能力发展不成熟，思维片面、偏激、分不清是非，容易上当受骗。三是自尊心强与独立性差的矛盾。未成年人外形变化引起心理上的变化，感到自己不再是孩子，要求取得与成人同样的尊重，希望摆脱对成人的依赖，但是他们阅历少，认识狭窄，对其自身及主客体的关系认识并不明确，自我意识不成熟，随波逐流，没有独立面对困难的能力，当家庭没有及时引导时容易走上歪路。

2. 个性心理结构内部的矛盾

由于未成年人心理因素发展尚未成熟，内部矛盾更为突出。一是认识和情感的矛盾。未成年人情绪紧张度高，容易对外界微小刺激产生强烈反应，无法及时调适情绪，容易感情用事。二是情感与意志的矛盾。未成年人表现为活泼、热情，强烈而不稳定，由于情感的波动，意志力容易摇摆。三是认识与行为的矛盾，对自我没有准确定位，依靠他人对自己的评价来进行自我评价，把认识付诸行动的自我控制能力不够，表现为两个极端，即眼高手低或者过度自卑。一方面是自我内心膨胀，逾越社会一般规则从事不良行为；另一方面是内心极度恐惧，甚至不敢对不良行为说“不”，被同伴裹挟从事不良行为。

3. 心理发展与客观现实的矛盾

一是未成年人辨别是非能力差与外界不良影响之间的矛盾。未成年人知识结构不完整，无法全面认识社会现象，批判性思维不强，随着社会发展日益多样化，容易受到不良影响，形成犯罪心理结构。二是个人需要和客观现实之间的矛盾。未成年人渴望承担社会角色，社会交往更加广泛，产生了追求异性的欲望，甚至产生了不符合社会道德和法律规范的要求，在得不到满足时就会产生挫折感，进而为满足需要违法犯罪①。

心理发展的内在矛盾及情绪的不稳定性会使未成年人产生心理问题，导致心理障碍，影响其心理健康水平，进而滋生不良行为，以致走上犯罪道路。

二　追根溯源：未成年人犯罪的“元原因”在家庭

现有文献关于未成年人犯罪的原因分析著述丰富，主要归结为自身、家庭、学校、社会等等。但无论外在因素如何变化，都要施加于未成年人自身，使其心理因素产生异常或者形成自我控制缺陷、不良个性倾向，进而产生犯罪动机，形成犯罪心理结构，实施犯罪行为。从对未成年人犯罪的案例和数据分析可以看出，未成年人犯罪有其不同于成年人的原因，进而看出未成年独有的心理矛盾。

① 罗大华：《犯罪心理学》，中国政法大学出版社，2007，第94页。

何种原因更多影响着未成年人的心理也就成为影响未成年人犯罪的高度关联因素。因此，未成年人犯罪原因中能够导致心理因素变化的就是未成年犯罪的根本原因，即“元原因”。通过实证考察及心理分析可以发现，未成年人犯罪的突出原因在于其心理特点（即心理状态尚不成熟+内在矛盾突出）不同于成人，其心理问题源于心理矛盾，那么谁在主导未成年人心理状态的形成呢？

李玫瑾教授指出，“社会问题可归结于人的问题，人的问题可归结于早年，早年问题可归结于家庭”①。“父母管教的影响力，不仅存在于儿童的行为，亦会对其心理、情绪、人际和社会化带来不容忽视的后果。父母管教方式不当，孩子易有反抗和反社会、攻击性的行为表现，使得其易被同伴排挤，出现行为偏差甚至违法犯罪。”②在合适年龄解决未成年的心理矛盾的关键在于父母，父母教育方式对，疏解方法好，可以帮助未成年人形成稳定、健康的常态心理，相反则易形成犯罪心理结构③。

（一）依恋模型分析

安思沃斯（Ainsworth）将依恋模型分为三种类型。一是安全型依恋方式。父母表现为正性情绪，及时回应婴儿需要。婴儿表现为信任父母，认为自己被人喜爱、很有价值。二是回避型依恋方式。父母对婴儿冷淡、疏远并回绝婴儿建立亲密关系的尝试。婴儿渴望和父母接近，但逐渐会压制。三是焦虑/矛盾型依恋方式。父母情绪不稳定且专横，婴儿对父母行为没有预期，尤为焦虑（见图4）。

---

① 李玫瑾：《未成年人违法犯罪预防——成长中的心理问题》，http：//v. youku. com。

② 王钟和：《亲职教育》，三民书局，2009，第73页。

③ 参见游涛、张莹《以强制性亲职教育问责教养失职监护人——罪错未成年人监护人法律责任探究》，载《预防青少年犯罪研究》2015年第1期。

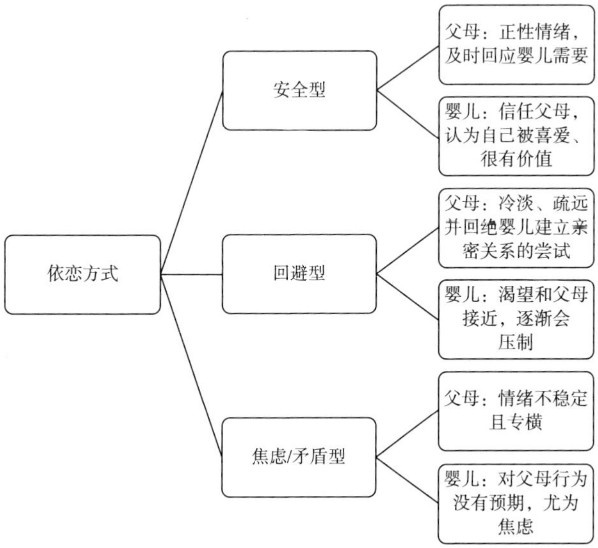

图 4　依恋方式模型

根据依恋方式理论，在生命早期所建立的联结关系的形态会影响成年时所建立关系的形态①。依恋理论的核心假设是我们在婴儿和儿童时期学会的特定依恋方式成为描述我们关系的模型或图式。这同样得到英国动物学专家、生物人类学家莫利斯的肯定，“婴幼期和童年期父母的养育方式对人生的亲密行为产生决定性影响”②。无论是从心理学还是动物学角度，在婴儿和儿童时期习得的方式甚至思维将会伴随我们的一生，并且将会泛化到我们与所有其他人的关系中。未成年人在犯罪中表现出的任性、放纵、狭隘、固执等特点以及心理矛盾可以在这一阶段找到源头。

① 〔美〕阿伦森等：《社会心理学导读》（第五版·中文第二版），侯玉波等译，中国轻工业出版社，2005，第 291 页。

② 〔英〕德斯蒙德·莫利斯：《亲密行为》，何道宽译，复旦大学出版社，2010，第 4 页。

从社会认知理论看，自动化认知[①]不带意图，无须努力，依靠图式[②]充当记忆向导，受到可提取性和启动[③]的影响，即使图式被证明有误时，仍然具有持久性。由于人在幼年时期的脆弱性，婴儿、儿童时期必然需要精心照顾，父母（或者监护人）的行为无一例外地构建了他们的知识经验网络，就如同植入的芯片，当他们需要自主决定、独立行动时必然会仔细搜索大脑中的“内存”，寻找心理策略与捷径解决问题[④]，循着父母解决问题的路径处理问题。这就是我们在前文分析中所说的未成年人犯罪模仿性强的原因。父母教养方式直接关系着子女看待世界的态度、处理问题的方式，进一步说，如果父母有不良行为则会大大提高子女出现不良行为的概率。基于未成年人心理矛盾突出、独立性不强的特点，需要父母的及时正性回应，否则容易陷入迷茫焦虑，甚至导致价值观扭曲。总之，父母爱抚匮乏会形成子女非安全型依恋方式，导致子女和父母、子女和社会人的冲突，构成犯罪心理结构的一环。

（二）控制模型分析

父母的心理控制（psychological control）是指作为家长在与子女的交往过程中强加在孩子心理和情绪发展过程中的控制意图[⑤]。心理

---

① 社会认知分为自动化认知和控制性认知。

② 心理学概念，人脑中已经有的知识经验网络。最初由康德提出，在康德学说中占有重要地位。他把图式看成“潜藏在人类心灵深处的”一种技术，属于先验范畴。瑞士心理学家皮亚杰通过实验赋予图式概念新含义，将其看成包括动作结构和运算结构在内的从经验到概念的中介，即 S→（AT 同化认知结构）→R 公式。

③ 心理学概念，可提取性指图式和概念在头脑中所处位置的优越性以及当我们对社会世界作出判断的时候，使用这些概念和图式的可能性。启动是指特定经历提高了某个图式特征或概念的可提取性过程。

④ 即可用性法则，一般人都会将判断建立在某些容易进入我们脑海的事物上。

⑤ 罗小漫等：《父母心理控制与初中生自尊、攻击性关系研究》，载《内蒙古师范大学学报》（教育科学版）2012 年第 8 期。

控制与行为控制不同，行为控制的目的是规范行为，有助于抑制未成年人的不良行为。心理控制则不允许子女脱离父母而发展成为独立的个体，父母通过内疚感引导、言语攻击等所形成的压力迫使子女调整其行为，接受父母心理控制就意味着更少的自主，直接内化父母的行为准则。这部分子女将经历内在的紧张，无法体验内部归因，没有主宰的兴奋，更缺少胜任的信念，心理能力遭到严重削弱①。父母的控制欲越强，孩子的心理状况越差，导致孩子缺乏独立意识，成年后难以做到内心强大。心理控制会导致心理不适甚至形成心理障碍，干预子女认知、情感和行为，强化未成年人的心理矛盾，引发父母子女之间的冲突，父母控制欲望进一步加强，冲突升级，由此陷入恶性循环。前述实证分析数据表明，41%的未成年犯与父亲关系不好或一般。英国的研究也表明，来自破碎家庭又无温和母亲的孩子，犯罪的普遍程度较高（62%）；来自非破碎家庭但父母间存在冲突的孩子，犯罪的普遍程度也较高（52%）；来自破碎家庭但有温和母亲的孩子，犯罪的风险要低得多（22%），由此看出破碎的家庭并非导致犯罪的原因，而是冲突引发了孩子的犯罪②。

通过上述模型可以看出，父母在子女特定年龄阶段的重要作用，这种作用的发生机理、延续性以及冲突的解决均有其特定规律。苏联学者 A. K. 多尔戈娃通过长期研究得出结论："少年丧失家庭的积极影响，在学校里学习成绩不佳，接近不良的伙伴等因素可能是相互作用的，但几乎在所有这些场合下都能见到这几种

---

① 何凤雪：《中学生的父母心理控制及其与心理健康的关系研究》，西南大学硕士学位论文。

② 〔英〕麦克·马圭尔等：《牛津犯罪学指南》，刘仁文等译，中国人民公安大学出版社，2012，第 475 页。

因素的相互作用。家庭、学校和同伴是所有儿童和少年共有的自然环境，对他们的个性发展有很大的影响力。其中家庭有特殊的作用，因为它不同于其他教育机构。一般地说，它能在各个方面、各个角度在人的一生中给人以影响。它是个性形成过程中起作用的必不可少的一环。”①

根据发展心理学，6岁以前心理形成的主导者是家庭教育，人的“依恋与情感”“言语与社会性”“观念发展”“性格形成”等重要心理发展环节一般在6岁前后便已逐步完成，因此家庭在人的心理发展环节中占据极为重要的地位。

未成年人在家庭教育阶段需要安全、爱抚、沟通、尊重、包容，相反，如果以冲突、虐待、控制、漠视、溺爱替代，则会导致未成年人的心理问题，正是父母对待子女不同的行为方式支撑起子女的不同心理结构（见图5）。因此，不当家庭教育方式是导致未成年人犯罪的首要因素。

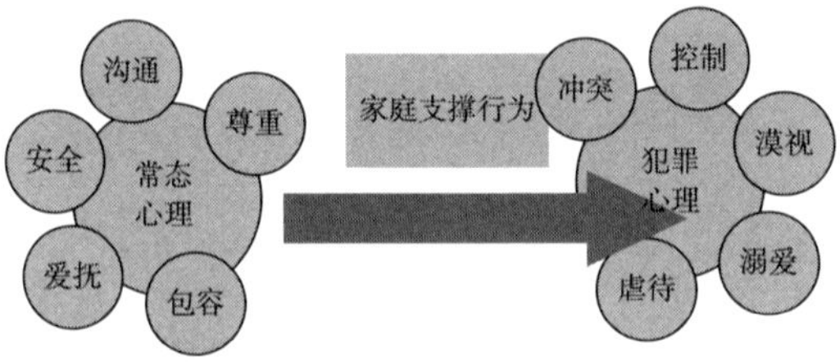

图5　常态心理和犯罪心理的家庭支撑因素不同

（三）家庭功能缺陷

1. 父母教育素养

“术业有专攻”，随着社会分工日益细化，各个岗位对人的素

① 〔苏〕A. K. 多尔戈娃：《少年犯罪社会心理学》，徐世京等译，上海翻译出版公司，1985，第42页。

质要求越来越具体，设置了种种门槛，但是唯独做父母没有设定门槛，仅有《婚姻法》规定了年龄和禁止结婚及婚姻无效的情形，但是养儿育女比任何一项工作都要复杂且责任重大，是一项系统工程。根据《未成年人保护法》，父母或者其他监护人应当创造良好、和睦的家庭环境，依法履行监护职责和抚养义务。因为未成年人在社会化过程中会不断遇到问题，甚至感受到严重挫折，基于心理发展阶段、依恋模式的特点，父母成为其解决问题的依靠。如果父母具备相应素质，能够帮助其认识自身问题、勇敢解决问题，则会帮助未成年人树立正确的信念、形成过硬的心理能力。但是从现状来看，父母“依法履职的专业素质”即教育素质堪忧。一是教育观念落后。人才观、亲子观、儿童观等均没有形成积极认识，望子成龙心切，甚至将自己的梦想强加给子女，无法接受自己孩子做“幸福的普通人”[①]。二是教育方式死板。专制与民主、开放和封闭、亲密与溺爱等方式多样，不同阶段不同情境所采取的方式是不同的，需要结合子女当下特点予以优化。三是教育能力较差。比如，准确了解、评价、指导子女的能力，协调亲子关系的能力等。

2. 父母学习能力

父母是孩子的首任老师，自出生起形成的依恋模式决定子女的模仿对象是父母。一是父母没有保持积极向上的学习态度。父母对待学习的态度，处理矛盾的思路深深影响着子女。如果父母不注意学习，处于浑浑噩噩的状态，不仅会打消子女的积极性，还会形成子女的逆反心理，让子女觉得自己被控制。二是父母没有伴随子女成长阶段补充相应知识。作为子女最重要的老师，多数父母不注重

① 刘长铭：《请鼓励你的孩子做个幸福的普通人》，光明网，2015 年 3 月 12 日。

“备课”，没有认真了解其自身对孩子应当履行的职责、子女的权利及特定阶段的心理和行为特征，没有及时补充作为“老师”指导子女处理问题的知识，相当一部分父母没有准确定位自己的“教师”角色，觉得教育是学校的事情，认为其只是负责衣食住行，对子女所接触环境不够了解，进而被子女认为思想落伍老套。

3. 父母道德水准

正所谓“行胜于言”，行为教化的重要性不言而喻，尤其是对未成年人来说，父母的言行无一不深深印在其行为模式当中。一是不良示范效应。就像案例一中的父亲一样，未成年犯罪案件中经常看到父亲行为失德甚至违法犯罪的影子，心理学模型研究充分说明二者高度的相关性。父母行为为孩子提供了模仿的榜样，而未成年人辨认和控制能力弱，会深受其害。二是不良性格影响。父母遇事不冷静，无法自控，甚至对孩子采取粗暴体罚，使得子女遭受强烈的屈辱、受挫感，进而导致暴力效仿。

4. 父母冲突程度

通过心理控制模型分析和前述数据分析可以看出，未成年犯教养方式失当、家庭结构不完整的比例均远高于同龄普通未成年人，背后的逻辑是未成年犯家庭结构残缺和教育方式不当引起的家庭冲突，导致孩子承受巨大压力。未成年人身心健康受到伤害，甚至厌学、逃学，逐渐走上违法犯罪道路。根据前述数据，亲子分离、父母责任缺失、教育不当，对孩子限制、干预过多等是家庭教育的突出问题，这些问题集中表现为各种形式的冲突，形成家庭对孩子无形的排斥力即“推力”，而另一方面是社会不良因素和群体的吸引力即“拉力”[①]。如此一来，家庭冲突就会成为未成年犯罪的促进因素，其力量之大，致使学校、社会开

① 关颖：《预防未成年犯罪的基础在家庭》，载《预防青少年犯罪研究》2013 年第 2 期。

展预防犯罪工作难度加大，事后矫正成本过高。

5. 家庭内部沟通

未成年犯罪人的特点及其心理矛盾决定了亲子沟通方式需要高超的技巧，这是一门复杂的艺术，不是每对父母都可以和孩子进行顺畅的交流。父母是孩子最重要的教师之一，同时是最容易出错的教师。一方面，父母不尊重包容子女，不善于沟通，无法让子女感到安全和爱，甚至有虐待、漠视行为，进行心理控制。而心理控制极易引发子女逆反，进而导致冲突，一旦把父母子女“合作”型转化为“对抗”家庭关系，就会导致家庭陷入两难境地，懂得合作与配合才能双赢，实现家庭和谐。另一方面，父母放弃行为控制，甚至溺爱。父母养育子女的目的是让其独立生活，孩子不是父母的宠物，父母之爱以分离为目的，因此应当教会子女独立、奉献，减少在社会化过程中与他人的矛盾，以期更好、更快地社会化。总之，家庭教育的关键是德行教育，建筑人格长城，父母需要多学习、多实践、多沟通，和子女一起成长。

三　路径探寻：以亲职教育前置和强制为核心改善家庭教育

针对家庭功能缺陷，父母应当高度重视，转变传统家庭教育模式，重视孩子的参与权和意见表达权，从而形成良好的亲子互动模式。明代著名思想家王守仁在《训蒙大意示教读刘伯颂等》一文中专门指出，要充分认识儿童特点。因为只有充分把握未成年人的特点、心理形成机制才能对症下药。认识到家庭功能缺陷是未成年犯罪的“元原因”，紧紧抓住“家庭教育”这个牛鼻子，通过亲职教育提升父母教育素质。要实现这个目的，父母自身的努力固然重要，更为根本的是形成制度。特别是随着新一轮国务院机构改革方案的落地，国家卫生健康委员会组建，为形成立体、全面的家庭教育体系奠定了基础。

（一）建立以“亲职教育前置”为核心的合格父母制度

为提高出生人口素质，《母婴保健法》规定了婚前医学检查、母婴保健指导、新生儿保健、产前诊断等内容，在出生缺陷干预方面起到了重要作用。但是《母婴保健法》所说的“素质”是身体素质，即没有先天缺陷，其目的是保障母亲和婴儿健康，为新生儿生长发育、哺乳和护理提供医疗保健服务。该法并没有考虑孩子的心理健康、性格形成、亲子教育问题。人与动物不同，未成年人独有的心理模式、身心特点决定了对其进行教育的复杂性，任何父母都无法做到“无师自通”，不学习思考而做到依法全面履行父母职责。这就需要制定与《母婴保健法》相衔接的法律规范，在保障未成年人身体素质的同时提高心理素质，向民众传输和普及科学的家庭教育观念和方式、方法，确保父母做好成为父母的准备。当然，成为合格的准父母只是万里长征的第一步，需要坚持不懈地磨炼心性，构建良好的亲子关系。从世界范围看，各国均没有制定专门的家庭教育法，只有我国台湾颁行了“家庭教育法”及其施行细则。考虑到大陆的幅员辽阔、发展程度不同等，应当全面规划、循序推进。构建以“亲职教育前置”为核心的合格父母制度，该制度分为父母产前心理干预和免费亲职教育两类。

1. 父母产前心理干预

《计划生育法》第17条明确公民有生育的权利。结合《母婴保健法》相关规定，我国计划生育主要针对人口数量和身体素质问题，并没有“计划”预防心理健康问题，因此“产前”父母心理干预制度有侵犯公民权利之嫌。解决该问题，一方面要构建制度，完善相关法律；另一方面可借鉴行政指导，遵循自觉自愿。

（1）制度构建

《未成年人保护法》第10条规定，“父母或者其他监护人应当创造良好、和睦的家庭环境，依法履行对未成年人的监护职责和抚养义务”，第12条规定，“父母或者其他监护人应当学习家庭教育知识，正确履行监护职责，抚养教育未成年人”。全国妇联和教育部联合发布了《关于进一步加强家庭教育工作的意见》及重新续订了《家长教育行为规范》，但是都没有明确提出亲职教育的法律概念，也没有具体设定学习目标。以家长学校为标志的家庭教育指导虽然在20世纪80年代就已经开始，但亲职教育这场人生必修课并未为社会所广泛知晓，甚至也没有足够的专门研究人员，也没有配套教材，导致内容流于形式，针对性不强，没有解决父母在孩子教育中的实际问题。鉴于形成一部“家庭教育法”的时机不够成熟，因此有必要根据《未成年人保护法》第12条的规定对准父母接受亲职教育的时限、时数、标准予以细化。

综上，建议在《未成年人保护法》第12条增加一款“父母或者其他监护人应当在生育或取得监护权之前在学校或者到经过卫生健康主管部门认证的专门机构接受一定学时的亲职教育，具体内容及时数由卫生健康主管部门确定。如果父母或者其他监护人因为客观原因未接受亲职教育，其所监护的未成年人实施严重不良行为或者接受刑事处罚时，人民法院可以将该情况作为决定对其进行强制性亲职教育的情节予以考虑”。

（2）程序设置

台湾学者王连生指出，亲职教育是引导父母如何扮演角色，调整亲子关系，认真教育子女成器成材，做人成功的非正规教育或社会教育活动[①]。无论是从前述案例、数据分析还是心理学模型考虑，父母对未成年人的影响都可以说是决定性的，亲职教育将父母的教育素质提升作为核心，让准父母像婚检、产前诊断一样接受正规、系统的亲职教育，即产前亲职教育。

需要注意的是，一方面，由于《婚姻法》和《母婴保健法》的立法立场不同，强制婚检备受争议；另一方面，由于医学的复杂性，产前诊断引起的纠纷为数不少，关于亲职教育的强制性不应当“一刀切”，特别是考虑到偏远、贫困地区的现实情况及亲职教育效果的有效性，因此在选择方式上要遵循行政指导的一般原则。首先，要讲明道理。让父母（监护人）认识到亲职教育的重要性和必要性。其次，要尊重父母（监护人）意愿。如果确因客观原因无法接受亲职教育可以将该情况记录在案，以作为将来是否进行强制性亲职教育的情节。再次，要提供自学条件。通过附赠教学光盘或者建设统一亲职教育网的方式提供学习机会。

（3）教育内容

当前教育的突出问题是多数家长围绕学校教育抓孩子的学习却忽视了对孩子的做人教育，没有遵循心理学的一般规律，帮助孩子完成社会化，甚至采取控制手段，对未成年人造成伤害。亲职教育的核心是增进父母职能之教育活动，通过正规、系统培训让父母明确其职责及履职方式。亲职教育内容是亲职教育的基础性课题，是

① 王连生：《亲职教育—理论与应用》，台湾五南图书出版公司，2003，第21页，转引自关颖《未成年保护法中家庭保护的法律缺陷——兼论监护人的教育、监督和惩戒》，载《中国青年研究》2006年第5期，第9页。

推进亲职教育开展的前提。但是家庭教育学科并没有得到足够重视，专门研究薄弱，师资建设落后，家庭教育专业化水平不高，教材建设没有建立行业标准，因此有必要通过政府购买服务方式，依托工读学校、少年宫等社会组织强化筑牢家庭教育基础。参考台湾地区规定，亲职教育的内容主要包括：①指导父母的角色扮演，使其了解法律规定的自身对子女应尽的义务是什么，有哪些权利，明确如何尽到父母的职责；②帮助父母了解不同时期孩子的生理、心理和社会性特征，以及法定子女的权利，明确如何保护子女的合法权益；③指导父母学习教子成功应具备的专门知识和技能；④对父母进行教育能力训练，为其提供调整亲子关系的具体策略，促进其改善教育过程中的不当态度与行为[①]。

2. 免费亲职教育

在全社会编织亲职教育“网络”，形成从“摇篮”到子女“成年”的家长教育综合预防体系，提升父母教育能力和信心。

（1）内容设计

除了巩固产前父母心理干预阶段的教育内容之外，还应当针对各个年龄段未成人的父母开发相应课程。一是按成长阶段设计课程内容。基于未成年人认知结构特点和其快速成长的生理特点，开设教育心理学、发展心理学等交叉学科课程，从而帮助父母了解其子女在特定阶段的心理特点及内在矛盾，及时把握子女心理动向。二是按不同家庭结构进行专门辅导。突发事件、婚姻观念以及工作环境的变化都可能导致家庭结构的变化，进而影响家庭功能的发挥。从心理控制模型分析也可以看出，针对特殊家庭结

---

① 关颖：《未成年保护法中家庭保护的法律缺陷——兼论监护人的教育、监督和惩戒》，载《中国青年研究》2006年第5期。

构的辅导非常必要，辅导得当可以避免未成年人受到伤害，有效预防不良行为和违法犯罪行为。因此，有必要针单亲家庭、重组家庭、隔代抚养家庭等进行辅导，从而缓解因为家庭结构变化给未成年人带来的冲击。

（2）操作程序

开展免费亲职教育是一项系统工程，基于经济易行、便利家长的原则，可以分阶段将职责赋予未成年人居住地的卫生健康部门和学校。第一阶段针对0~6周岁未成年人家长。由国家卫生健康部门设置家庭教育服务中心，具体负责教育开展过程中的决策、统筹事务，总结亲职教育经验，由该中心建立网络学习平台，开设微信服务号。第二阶段针对6~18周岁未成年人家长。依托学校力量，督促家长履行职责，还可以通过举办读书会、开展亲职教育讲座以及家长参与教学、成立家长自律委员会等形式向未成年人家长传播家庭教育知识。

总之，从出生到成年，通过对所有年龄段未成年人家长的“接力式”教育，形成全阶段、无缝隙的亲职教育免费“接种”体系，帮助家长成为称职的父母，成为子女心目中的好父母。

（二）开展以惩戒督促为主旨的强制性亲职教育

因为主客观原因及未成年人犯罪的复杂性、阶段性，建立“亲职教育前置”为核心的合格父母制度并不能实现全部目的，还需要更为强有力的制度作为补充。父母或其他监护人学习知识是第一步，如果在实际履职中未履行或者怠于履行教育责任导致未成年人犯罪或受到行政处罚的，应承担强制性亲职教育责任。对未依法履行监护职责和抚养义务、怠于履行法制教育责任的父母或其他监护人进行追责，通过惩戒方式增强亲职教育的有效性，让家庭（父母或者监护人）承担起应尽的责任，符合权责对等的法律逻辑，也符合犯罪心理学的一般规律①。

1. 强制性亲职教育的概念及适用对象

强制性亲职教育是指有权机关对未依法履行监护职责和抚养义务、怠于履行法制教育责任的父母或其他监护人进行追责，强制其接受如何成为一个合格称职监护人的专门化教育。强制性亲职教育具有以下特点：一是具有惩罚性，要求家长在具有资质的机构接受指定学时的学习任务，否则接受法律惩罚；二是具有保护性，强制性亲职教育的出发点是为了家庭和谐发展和子女健康成长；三是主体特定性，基于对未成年犯罪和家庭教育关系的分析，特别是家长对未成年人心理形成和行为模式的重要作用，子女的问题从根源上说是家长的问题，因此强制性亲职教育的对象是家长。

鉴于前述特点，接受强制性亲职教育的监护人限于两类人群，一是未依法履行监护职责和抚养义务的，二是怠于履行法制教育责任的父母或其他监护人。根据《预防未成年人犯罪法》和《未成年人保护法》的规定，未依法履职或者怠于履职主要表现在以下方面。①未成年人的父母或者其他监护人发现有人教唆、胁迫、引诱未成年人违法犯罪的，未向公安机关报告。②未成年人的父母或者其他监护人，让不满16周岁的未成年人脱离监护单独居住。③未成年人的父母或者其他监护人对未成年人放任不管，迫使其离家出走，未及时查找或者向公安机关请求帮助。④未成年人的父母因离异而不履行教育子女的义务。⑤继父母、养父母对受其抚养教育的未成年继子女、养子女，未

① 游涛、张莹：《以强制性亲职教育问责教养失职监护人——罪错未成年人监护人法律责任探究》，《预防青少年犯罪研究》2015年第1期。

履行本法规定的父母对未成年子女在预防犯罪方面的职责。⑥对未成年人实施本法规定的严重不良行为的，未及时予以制止。⑦不关心、爱护在工读学校就读的未成年人，侮辱他们的人格尊严或者进行体罚、虐待和歧视。⑧未成年人的父母对因不满16周岁而不予刑事处罚、免予刑事处罚的未成年人，或者被判处非监禁刑罚、被判处刑罚宣告缓刑、被假释的未成年人，未采取有效的帮教措施，协助司法机关做好对未成年人的教育、挽救工作。除以上情形之外，根据卷宗证据材料、社会调查报告、心理测评结果及诉讼过程中监护人的客观表现也可以作为考量依据。

2. 强制性亲职教育的适用程序

因为我国刑事诉讼中尚未有强制性亲职教育的程序规定，且从强制性亲职教育的目的和特点看，其权力性质属于行政权，不具有对抗性和争议性。强制性亲职教育属于行政机关依据法律规定执行的权力，虽然我国现行法律规定了不依法履行监护职责的责任，但是责任形式仅仅限于劝诫、制止①，难以实现对监护人的惩戒和教育目的，因此应当增加关于强制性亲职教育的规定。故建议将《未成年人保护法》第62条修改为“父母或者其他监护人未依法履行或者怠于履行监护职责，教育行政主管部门或者人民法院可以责令其接受一定时限之亲职教育，并收取必要费用。拒不接受或时数不足者，可罚款，经再通知仍不接受者，得按次连续处罚至其参加为止。具体时限及教育机构由国务院教育行政主管部门制定实施细则”。

人民法院在审理案件过程中发现监护人存在未依法履职或者怠于履职的情形，可能符合强制性亲职教育条件的，应当当庭说明，

① 《未成年人保护法》第62条规定：“父母或者其他监护人不依法履行监护职责，或者侵害未成年人合法权益的，由其所在单位或者居民委员会、村民委员会予以劝诫、制止；构成违反治安管理行为的，由公安机关依法给予行政处罚。”

后依次由公诉人和被告人的法定代理人、诉讼代理人发表意见。必要时可根据《刑事诉讼法》第476条的规定进行调查。审理后认为监护人符合强制性亲职教育条件的，应当在宣判时作出对监护人进行强制性亲职教育的决定，要求其按照《未成年人保护法》第62条的规定接受强制性亲职教育。

鉴于强制性亲职教育带有一定惩罚性、被教育对象情况多样，其功能的全面发挥有待家庭教育服务机构、教育内容、监督保障等制度的系统完善，待条件成熟时还需要制定家庭教育法、完善相关刑事诉讼制度等。就教育行政主管部门如何发现、启动强制性亲职教育也需要进一步研究作出细化规定。

3. 强制性亲职教育的裁判原则

由于强制性亲职教育是一种惩罚性法律后果，在作出决定时应考虑以下原则。一是比例原则，即执行时应符合适当性和必要性，对于不配合的父母采取强制措施时以轻微手段为优先，并注意与个案危害后果对等。二是法律内容明确性原则，即法律应对亲职教育的内容有明确规定。三是个别化处遇原则，应拟定个别的处遇计划，以满足不同少年家庭的需求①。

综上，通过对未成年人犯罪案例和数据的考察，引入心理依恋模型、心理控制模型分析，可以看出未成年犯罪的根本原因是家庭教育失当，进而形成家庭功能缺陷。家庭教育构成了未成年人犯罪的基础性因素，成为预防未成年人犯罪的短板，所以预防未成年犯罪的基础在家庭。通过提升父母教育素质，构建家庭教育体系，预防家庭功能缺陷，对预防未成年人犯罪意义重大。

---

① 参见陈慈幸、蔡孟凌编《少年事件处理法学理与实务》，台湾元照出版公司，2013，第257页。

关于涉众型经济犯罪案件的调研分析

——以北京市朝阳区人民法院2012~2016年案件为样本

付想兵　肖圣雷*

摘　要：涉众型经济犯罪以涉众的典型特征，成为近年来刑事审判实践的难点，涉众型经济犯罪呈现案件数量不断增加、涉案规模屡创新高、犯罪手段新型化等特征，在制度规范、法律适用、追赃执行等方面尚存在需要完善的地方。对涉众型经济犯罪进行全面的研究有助于解决刑事审判实践中的难点问题，统一法律适用。本文以北京市审理此类案件最多的朝阳区人民法院2012年至2016年的审判数据为基础，分析得出涉众型经济犯罪案件在法律适用方面存在刑民交叉界定不清、追加起诉无节制、提起公诉的被告人范围不统一等十个方面的问题，在证据方面存在证据收集不全、搜集不规范、移送不规范和质证方式不完善四个方面的问题，在审判实务方面存在追赃难及具体数额认定思路不统一等方面的问题。针对上述问题，本文从明确立法、规范取证及统一数

* 付想兵，北京市朝阳区人民法院刑一庭法官；肖圣雷，北京市朝阳区人民法院刑一庭法官助理。

额认定思路等方面提出针对性建议。

关键词：涉众型经济犯罪　法律适用　审判实务

刑事立法及刑事理论并无涉众型经济犯罪的明确概念和界定，涉众型经济犯罪多是针对刑事司法实务中出现的一类特殊案件的概称，大致包括七个刑法罪名：擅自设立金融机构罪，非法吸收公众存款罪，擅自发行股票、公司、企业债券罪，欺诈发行股票、债权罪，非法经营罪，组织、领导传销活动罪，集资诈骗罪。2006 年 11 月公安部召开的涉众型经济犯罪专题新闻发布会最早从规范层面对涉众型经济犯罪进行定义：涉众型经济犯罪，是指涉及众多的受害人，特别是涉及众多不特定受害群体的经济犯罪，主要包括非法吸收公众存款、集资诈骗、传销、非法销售未上市公司股票等经济犯罪活动。涉众型经济犯罪案件区别于其他类型案件最典型的特征是涉众，由此维稳成为影响该类案件审理的一大隐形因素，也正是这一特殊性，涉众型经济犯罪案件在制度规范、法律适用、追赃执行等方面都存在疑点、难点。本文以北京市审理涉众型经济犯罪最多的朝阳区法院 2012 年至 2016 年审理的涉众型经济犯罪案件为样本，分析其审理中存在的问题，并提出针对性的建议。

一　涉众型经济犯罪案件审理概况及特点[①]

（一）收结案总量逐年增长

2012 年至 2016 年，朝阳区法院涉众型经济犯罪案件收案 208

① 关于本统计分析中的案由认定，如多被告人的案件中，有的被告人被判处非法吸收公众存款罪，但只要有一名被告人被判处集资诈骗罪，非法经营罪，组织、领导传销活动罪，则该案件的统计案由为集资诈骗，非法经营，组织、领导传销活动。以此统计，是为了区分非法吸收公众存款罪。另外，需要说明的是，多被告人案件中各被告人被判处不同罪名的，该案件只统计一个案由。

件，结案137件。其中，2016年涉众型经济犯罪案件收案数量“井喷”，达到102件。从收案的走势来看，涉众型经济犯罪案件收案数量基本呈现逐年增长态势，2014年较2013年增长18件，增幅128.57%；2015年较2014年增长12件，增幅37.50%；2016年较2015年增长58件，增幅131.82%（见图1、图2）。

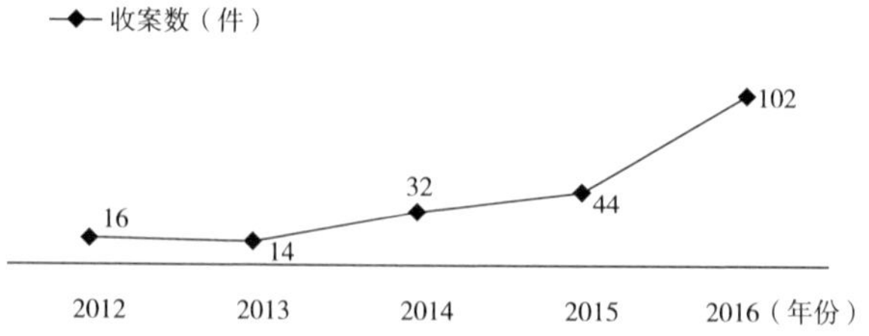

图1　收案数量年度示意

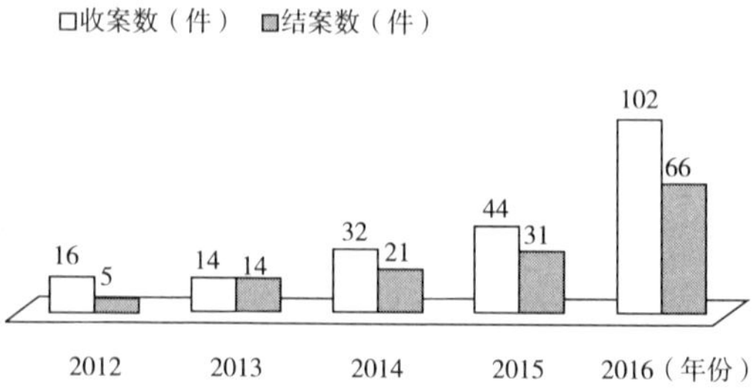

图2　收结案数量年度分布

（二）案件规模屡创新高[①]

2012年至2016年，收案的涉众型经济犯罪案件涉及投资人7万余人，金额390亿余元。个案涉及投资人100人以上56件，500人以

① 关于投资人人数的统计存在因追加被告人或追加漏罪，分案审判造成的重复计算。如周某某非法吸收公众存款一案，投资人共计1万余人，其同案犯分案起诉，此种情况下，本文统计的投资人人数为两案件的累计，即2万余人。

上 13 件，1000 人以上 10 件，5000 人以上 4 件，10000 人以上 3 件（见图 3）。

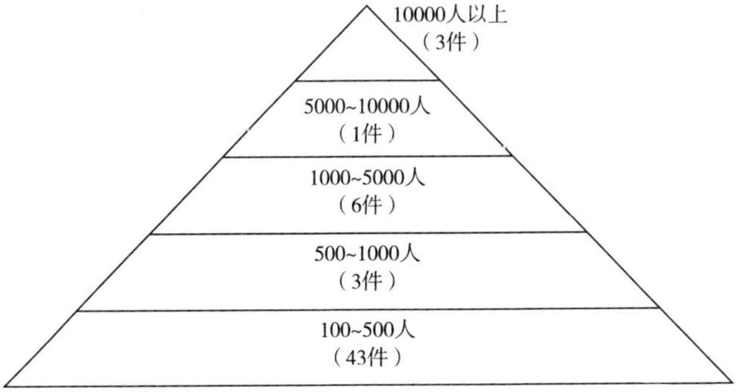

图 3　涉案投资人阶梯分布

个案涉及犯罪金额 1000 万元以上 96 件，5000 万元以上 47 件，1 亿元以上 43 件，5 亿元以上 13 件，10 亿元以上 11 件（见图 4）。

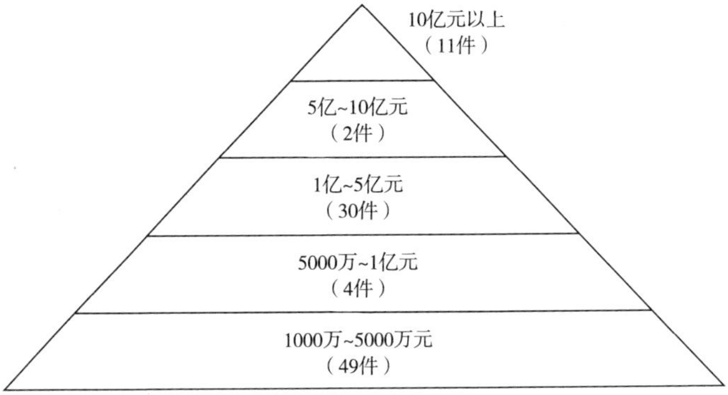

图 4　涉案金额阶梯分布

（三）结案罪名高度集中

2012 年至 2016 年，审结的 137 件涉众型经济犯罪案件中，非法吸收公众存款 115 件，非法经营 11 件，集资诈骗 7 件，组织、领导传销活动4件，无擅自设立金融机构，擅自发行股票、公司/企业债券，欺诈发行股票、债权等罪名（见图5）。

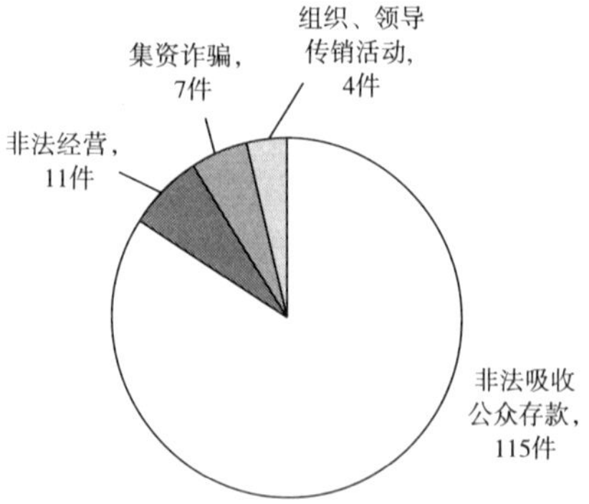

图5　结案案由分布

2012年至2016年审结的137件案件中，非法吸收公众存款115件，占全部审结案件数量的83.94%。具体到各年度：2012年审结5件，非法吸收公众存款4件，占当年度审结案件数量的80.00%；2013年审结14件，非法吸收公众存款10件，占当年度审结案件数量的71.43%；2014年审结21件，非法吸收公众存款14件，占当年度审结案件数量的66.67%；2015年审结31件，非法吸收公众存款28件，占当年度审结案件数量的90.32%；2016年审结66件，非法吸收公众存款59件，占当年度审结案件数量的89.39%（见表1）。

表1　结案案由年度统计

单位：件

案由 年份	非法吸收公众存款	非法经营	集资诈骗	组织、领导传销活动
2012	4	1	0	0
2013	10	0	0	4
2014	14	5	2	0

续表

案由 年份	非法吸收公众存款	非法经营	集资诈骗	组织、领导传销活动
2015	28	2	1	0
2016	59	3	4	0
合计	115	11	7	4

（四）宣告刑以实刑为主

2012 年至 2016 年，在已判决的 261 名被告人中，182 人被判处实刑，73 人被判处缓刑，6 人被单处罚金（见表 2）。

表 2　被告人刑罚情况年度统计

单位：人

刑罚 类别	实刑	缓刑	单处罚金
2012 年收案且已判决	17	6	0
2013 年收案且已判决	24	6	0
2014 年收案且已判决	40	12	3
2015 年收案且已判决	77	39	3
2016 年收案且已判决	24	10	0
合计	182	73	6

（五）审限压力增大

随着案件数量的增长，审判压力增大，人均收案数量逐年增长，审限压力越来越大。2012 年至 2016 年，审结的 137 件案件中，审理用时 3 个月以下仅 21 件，审理用时 3 个月至 7 个月 31 件，7 个月至 11 个月 50 件，

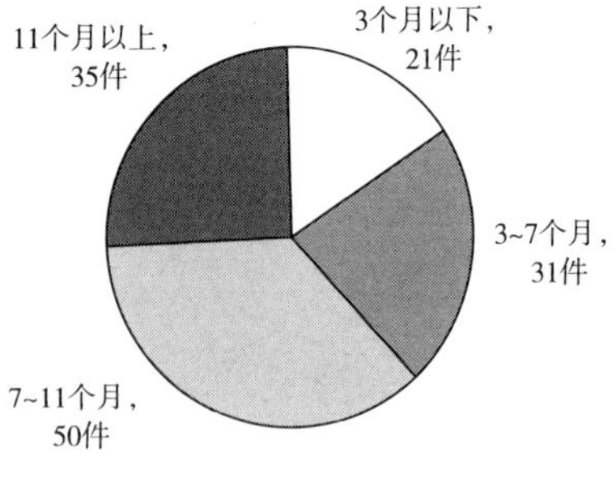

图 6　审理时间分布

11 个月以上 35 件（见图 6）。

（六）犯罪主体区域化

2012 年至 2016 年收案中，被告人户籍地呈现区域化特征，“羊群效应”较为突出。以 2016 年收案为例，214 名被告人户籍地分布在 23 个省、直辖市，人数较多的省、直辖市依次为北京市 52 人、河北省 26 人、山东省 21 人、河南省 15 人（见图 7）。

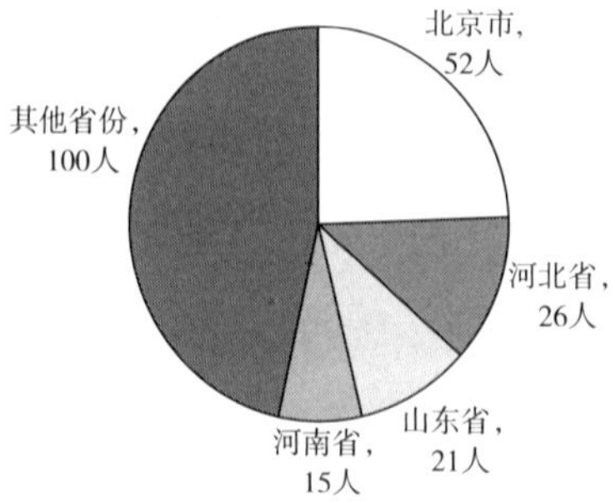

图 7　2016 年度被告人户籍地分布

除省份相对集中外，省份内部也呈现相对集中趋势。以北京市为例，朝阳区 12 人，海淀区 11 人，西城区 10 人，丰台区 6 人，四区被告人占全市被告人的 75%（见图 8）。

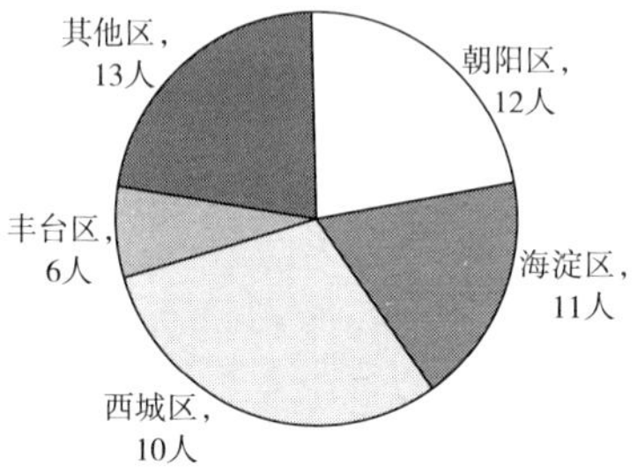

图 8　北京籍被告人户籍区县分布

（七）犯罪地点集中化

涉众型经济犯罪案件的被告人往往需要依托公司、企业实施犯罪行为。就犯罪地而言，2012 年至 2016 年受理案件中，约 80%案件的被告人犯罪行为实施地（公司、企业实际经营地）集中在国贸、呼家楼等 CBD 及 CBD 辐射区域。

（八）犯罪手段新型化

从近五年审理情况来看，涉众型经济犯罪案件被告人的犯罪手段由传统的理财、股权投资、项目投资等逐步转向新类型的众筹、P2P、互联网平台交易等。尤其是 P2P，成为非法吸收公众存款案件的重灾区；互联网平台交易，成为非法经营案件的重灾区。众筹、P2P、互联网平台等犯罪手段约占案件数量的 30%。

（九）犯罪分工精细化

当前，涉众型经济犯罪案件的被告人分工越来越细，组织结构越来越复杂，除了组织者之外，还有专门的销售人员、宣传人员、财务人员、行政人员、后勤人员等。与分工的精细化相伴生，犯罪的规模也越来越大，集团犯罪的倾向明显。由此所带来的迷惑性越来越强，处理的难度越来越大。

（十）追加起诉常态化

涉众型经济犯罪案件中，追加起诉大致存在两种情况：追加事实（投资人）和追加同案犯。本文所述追加起诉指的是追加事实的情况，即在同一个案中，提起公诉后追加投资人。

2012 年至 2016 年结案 137 件，追加起诉的共计 33 件，占 24.09%。追加起诉次数共计 57 次，其中 4 件追加 4 次，5 件追加 3 次，2 件追加 2 次，22 件追加 1 次。统计结果显示，无论是追加起诉的案件数，还是追加起诉的次数，呈现逐年增长态势，追加起诉日益常态化。

（十一）反映诉求集群化

涉众型经济犯罪案件投资人反映诉求意识极为强烈、对抗情绪严重，相互之间容易形成诉求群体，往往利用重大节日组织群体上访，给案件办理施加压力。部分案件的投资人在开庭当天集群，在法庭外拉横幅、喊口号，严重影响了法庭秩序。随着微信等通信工具的发展，投资人容易形成群体。

二　涉众型经济犯罪案件审理中存在的问题及原因

涉众型经济犯罪作为一类案件的概称，涉及罪名较多，立法规范较为零散，司法实务中存在的问题多且分散。2011 年 1 月开始施行的《最高人民法院关于审理非法集资刑事案件具体应用法律若干问题的解释》（以下简称《解释》）、2014 年 3 月发布的《最高人民法院、最高人民检察院、公安部关于办理非法集资刑事案件适用法律若干问题的意见》（以下简称《意见》）注意到了涉众型经济犯罪案件法律适用和实务操作中存在的问题，从规范层面进行了完善，但《解释》《意见》并未能充分涵盖涉众型经济犯罪案件审理中存在的所有问题。

（一）法律适用方面存在的问题及原因分析

司法实务中，涉众型经济犯罪案件在法律适用上存在十方面问题。

1. 关于刑民交叉的问题

当前涉众型经济犯罪案件，被告人的行为手段已脱离了过去“商品回购”的传统方式，转向以销售原始股、股权、基金募集、P2P等方式为主。随着近年国家为推动经济发展，鼓励民间融资、资金众筹、网络资金平台交易等，合法借贷与非法集资、私募基金与非法吸收公众存款、涉案财物的处理等刑民交叉问题随之增多。

（1）涉案第三方的法律地位界定不明

涉众型经济犯罪案件的被告人会借用第三方的“合法外衣”，典型的是以投资第三方公司的项目为名。审判实务中，极少有公诉机关指控第三方构成犯罪的案例，但投资人通常会对第三方提起民事诉讼，要求偿还投资款。根据《最高人民法院关于审理经济纠纷案件中涉及经济犯罪嫌疑若干问题的规定》，人民法院对于作为经济纠纷受理的案件，经审理认为不属于经济纠纷案件而有经济犯罪嫌疑的，应当裁定驳回起诉，将有关材料移送公安机关或者检察机关。因此，对于涉案的第三方公司的法律地位如何界定直接影响案件的审理：实务中，作为刑事案件，人民检察院一般不会对第三方进行追诉。因此，流入第三方的大量资金无法通过刑事程序追缴，投资人经济损失难以挽回；而对于民事案件，人民法院一般认为第三方涉及刑事案件，驳回起诉或不予受理或待刑事案件审结后受理民事案件。

（2）涉案第三方财产处理的两难

涉众型经济犯罪案件中，被告人集资后，将集资款投资到第三方公司，第三方不能全部偿还被告人集资款的，公安机关会查封、冻结第三方的部分财产。如果是钱款，人民法院可以追缴赃款予以处理。如果是股权、房产、土地使用权等非钱款财产，人民法院如何处理面临两难。一方面，如果直接在刑事判决书中予以处理，则意味着人民法院对被告人与第三方的民事关系作出了认定，而第三方并不属于刑事案件被告方；再者，刑事判决书直接处理了第三方在案的财产，是否意味着第三方其他未在案财产也应当处理？另一方面，如果不处理，则会面临投资人方面的压力，增加不稳定因素，也不利于追赃。

2. 关于追加起诉的问题

正如统计数据显示的，关于涉众型经济犯罪案件，公诉机关追加起诉的案件数、追加起诉的次数逐渐增多。审判实务中，公诉机关追加起诉的事由有两种：追加同案犯和追加遗漏罪行（主要是追加投资人），以追加遗漏罪行为绝大多数。其最主要的原因在于投资人报案时间不同步。追加起诉对涉众型经济犯罪案件的审理带来的主要问题是审理周期过长、审限计算方式不明及引发较早报案投资人的不满。

（1）审限计算方式不明确

公诉机关追加起诉后，人民法院需要向被告人、辩护人送达追加起诉书，还要给予辩方必要的阅卷时间，新增的程序性事项往往会占用较长的审理期限，致使案件难以在一般审理期限内审结，这也是造成当前涉众型经济犯罪案件审理时间过长的主要原因之一。人民检察院追加起诉的案件中，有的需要补充侦查，有的不需要补充侦查。对于需要补充侦查的，依照《刑事诉讼法》第 202 条第 3 款之规定：人民检察院补充侦查的案件，补充侦查完毕移送人民法院后，人民法院重新计算审理期限。而对于追加起诉但不需要补充侦查的案件[①]，《刑事诉讼法》未明确规定审理期限的计算方式。审判实务中，主要依据《人民检察院刑事诉讼规则（试行）》（以下简称《刑事诉讼规则》）第 455 条、第 458 条的规定，通过人民检察院向人民法院提交延期审理建议书的方式，延长审理期限。

（2）追加起诉的次数无限制

统计结果显示，部分案件追加起诉的次数过多。根据《刑事诉讼规则》，追加起诉或需要补充侦查或不需要补充侦查，需要补充侦查的，依照《最高人民法院关于适用〈中华人民共和国刑事诉讼法〉的解释》（以下简称《刑事诉讼法解释》）第 223 条，不得超过 2 次。但对于不需要补充侦查的，《刑事诉讼规则》及《刑事诉讼法解释》并未限定追加起诉的次数，公诉机关只要追加起诉，人民法院只能受理，进而造成审理期限的压力。统计数据显示，审结案件中，个案追加起诉次数超过 2 次的达到 9 件，个案甚至追加起诉达 4 次。

（3）追加起诉的时间不合理

《刑事诉讼法》及《刑事诉讼法解释》未对追加起诉的时间作出限制，根据《刑事诉讼规则》第 458 条，在人民法院作出判决前，人民检察院均可以追加起诉。审判实务中，部分涉众型经济犯罪案件已经合议，甚至已经经审判委员会讨论，而再追加起诉，造成审判资源的浪费和审判效率的降低，司法公信力降低。

---

① 审判实务中，存在投资人报案后，侦查机关因卷宗周转或疏忽造成的报案材料遗漏起诉，需要追加起诉的情况。

3. 关于提起公诉的被告人范围问题

涉众型经济犯罪案件的被告人多以单位、公司、合伙的形式实施犯罪行为，团伙作案，涉及的参与人非常多。对哪些人员提起公诉，全凭公诉人意志，随意性较大。审判实务中，有的案件只对法定代表人、股东、实际控制人提起公诉；有的案件将部门的负责人、团队经理一并提起公诉；有的案件将普通业务员纳入指控范围；有的案件将案发时在公司被抓获的所有人员予以指控；有的案件将公司所有人员予以指控，个案中甚至出现将尚未正式开展业务的实习生也予以指控（见图9）。

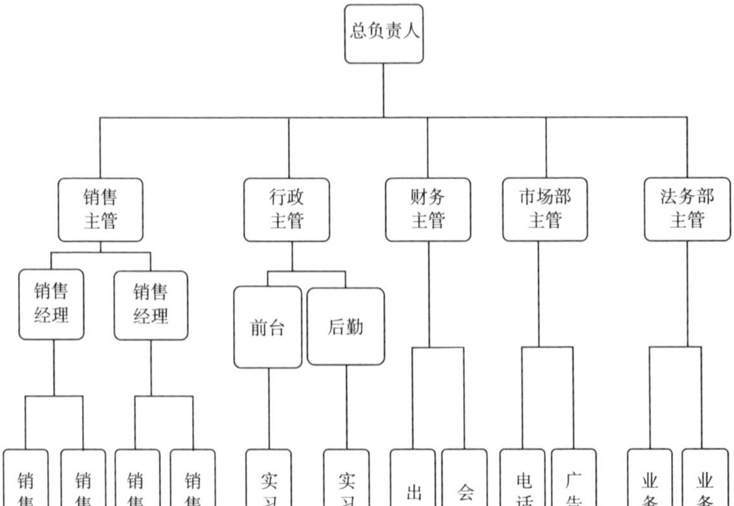

图9 某涉众型经济犯罪公司人事示意

提起公诉的随意性，一方面造成了案件之间处理的不平衡，有的案件起诉的被告人范围大，有的案件起诉的被告人范围小，投资人以其他案件为参照，要求公安机关、人民检察院、人民法院抓捕其他涉案人员；另一方面造成案件内的处理不平衡，同样是销售团队经理，有的案件只起诉其中一部分团队经理，有的案件起诉所有团队经理，被起诉的被告人及其辩护人对此不满。提起公诉扩大化的倾向造成了刑罚打击面过宽。有的案件对犯罪情节轻微、危害性不大的底层参与者一律提起公诉，虽然人民法院可以通过刑罚轻重、刑罚执行方式等调节量刑，但民事赔偿的连带责任却不能调节，造成大量领取固定工资、参与程度较小的“打工族”背负巨大的民事赔偿责任，被列为强制执行的对象，罪责刑难以实质相适应。

4. 关于共同犯罪的问题

涉众型经济犯罪案件往往涉及多名被告人，各被告人依据职务高低、权责大小分工合作，共同实施犯罪行为。依被告人职务高低，通常情况下分为三个层次：全面控制人（董事长、法定代表人、总裁等）→中层负责人（各部门经理、团队长等）→底层业务员（财务、销售员等）（见图 10）。依被告人职务性质，通常情况下分为三个方面：全面控制人（管理所有事务）→销售员（负责产品的销售）→辅助人员（负责财务、人事、行政、后勤等）。由于涉众型经济犯罪被告人群体的复杂性，在共同犯罪认定上，尤其是对部门负责人，存在法律适用上的难题。

（1）部门负责人数额认定标准不统一

对控制人而言，以全部犯罪数额认定无争议。而对于部门负责人的数额认定却存在适用标准的争议。一种意见基于共同犯罪“部分行为全部责任的理论”，对所有被告人均以所有犯罪数额认定；一种意见以实际参与为标准，区分被告人的职务高低、职务性质分别认定。以非法吸收公众存款的销售人员为例，第一种意见对部门负责人（销售团队长）以公司所有犯罪数额认定，在此基础上相对于公司控制人予以从宽处罚；第二种意见对部门负责人以本部门吸收

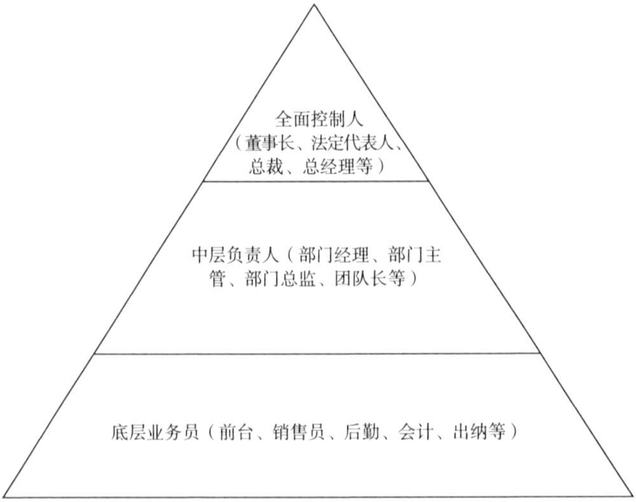

图 10 被告人职务高低等级示意

的数额认定，对销售员以个人销售的数额认定。

（2）部门负责人主从犯认定有争议

部门负责人认定主犯还是从犯，认定思路也存在争议。一种意见以公司全部数额认定部门负责人的犯罪数额，同时一律认定从犯，以区分公司全面控制人；一种意见以部门所有犯罪数额认定部门负责人的犯罪数额，但就此部分犯罪数额，认定其为主犯；一种意见以部门所有犯罪数额认定部门负责人的犯罪数额，同时认定从犯。以非法吸收公众存款的销售部门经理为例，第一种意见以公司全部数额认定，同时认定为从犯；第二种意见以部门所有人员吸收数额认定，在此范围内认定主犯；第三种意见以部门所有人员吸收数额认定，同时认定从犯。

（3）销售部门业务员主从犯认定有争议

审判实务中，对销售部门业务员的犯罪金额以其直接吸收的数额认定不存在争议。但对其在共同犯罪中的地位，即认定主犯还是从犯存在争议：一种意见认为其在他人指示下实施犯罪行为，属于从犯；一种意见认为其对直接吸收的数额起主要作用，属于该部分犯罪事实的主犯。

5. 关于投资人的法律地位问题

涉众型经济犯罪案件的典型特征是涉众，投资人的法律地位不同，其所享有的诉讼权利也不同，审理程序也有所差别。统计结果显示，在非法吸收公众存款案件中投资人的法律地位认定上，审判实务并不统一。审结的115件非法吸收公众存款案件中，将投资人表述为证人的共4件，表述为投资人的73件，表述为被害人的38件。

（1）法律属性：证人还是被害人

《意见》使用了集资参与人这一概念①，但集资参与人并不属于《刑事诉讼法》上的诉讼参与人。由于概念不明确，审判实务中有的法官将其认定为证人，有的法官将其认定为被害人。其所享有的权利也大有差异，以证人认定的，不能参与庭审发表意见；以被害人认定的，享有被害人的权利，参与庭审，发表意见。

（2）实践悖论：投资人能否旁听

审判实务中，越来越多的法官倾向于以证人界定投资人的法律属性，而不再认定为被害人。统计结果显示，自2015年起，非法吸收公众存款案件中，法官均将投资人表述为投资人或证人，而投资人并不是《刑事诉讼法》上的诉讼参与人，法官均倾向于以证人界定投资人。然而，必须看到的是，以证人界定投资人，基于维护稳定与缓解对立的需求，允许投资人旁听案件的审理，这与《刑事诉

---

① 本文使用投资人这一表述。

讼法》上证人不能旁听案件审理的规定显然不符。如何协调法律规定与审判需求，还需要进一步对投资人的法律属性加以明确。

6. 关于集资实施人及其关联人投资款认定问题

涉众型经济犯罪案件中，被告人及其亲属、公司其他实施集资行为的员工也会投资，对此投资款，是否认定及是否判处退赔，法律适用不明确。

（1）被告人及其亲属投资款认定问题

一种意见认为，被告人及其亲属的投资款认定在被告人犯罪数额之内，同时判处退赔；一种意见认为，被告人的投资款不认定在犯罪数额之内，自然不予判处退赔，但亲属的投资款应认定在犯罪数额内并判处退赔；一种意见认为，被告人及其亲属的投资款均不认定在犯罪数额之内，不予判处退赔。例如，北京市朝阳区人民法院审结的被告人李某某等 15 人非法吸收公众存款一案，公诉机关指控李某某投资款 100 万元，法院审理后认为李某某作为被告人，直接实施了犯罪行为，不属于投资人范畴，故对该笔投资款未认定在犯罪数额之内。

（2）其他未追究刑事责任的违法人的投资款认定问题

涉众型经济犯罪案件中，其他未被提起公诉的销售人员、财务人员等作用较小的违法人，其投资款是否认定在犯罪数额之内也存在争议。一种意见认为，该类人员与被告人无异，均为违法行为实施者，虽未被追究刑事责任，但其亦不属于投资人的范畴，其投资款不应当认定在犯罪数额之内，其他在案被告人也不应当对其投资款承担责任；一种意见认为，该类人员未被追究刑事责任，与被告人有区别，属于投资人的范畴，投资款应当认定在犯罪数额之内。

7. 关于判决责令退赔的问题

非法吸收公众存款罪、集资诈骗罪等涉众型经济犯罪，在判处被告人刑罚的同时，还需要判决被告人退赔投资人的经济损失。

（1）非法经营罪是否判处责令退赔不统一

非法经营罪是否判处责令退赔，不同地区法院标准不统一。例如，北京市朝阳区人民法院审结的被告人蔡某某非法经营一案，其前科判决在山东省某法院未判处责令退赔，其同案犯黄某某在广西壮族自治区某法院亦未判处责令退赔。北京市朝阳区人民法院审理后，依照北京市法院的一般操作，判处了责令退赔。各地法院法律适用不统一。

（2）未报案的投资人是否判处责令退赔不统一

涉众型经济犯罪案件审理中存在一种特殊情况，即在案书证可以证实投资人的投资款，但该投资人并未报案。此情况下，人民法院是否判决责令被告人退赔该投资人的经济损失存在争议。一种意见认为投资人未报案，返款的数额无法查清。部分未报案的投资人，在案证据只能表明其姓名，不能查明其身份证号、联系方式等信息，无法执行。故，对未报案的投资人，不判处责令退赔。一种意见认为根据《意见》第6条，办理非法集资刑事案件中，确因客观条件的限制无法逐一收集投资人的言词证据的，可结合已收集的书面证据，综合认定吸收资金数额等犯罪事实。据此，即使投资人未报案，也可以根据书证认定，如果事实部分认定了未报案的集资参与款，相应的就应当判处责令退赔。一种意见认为应依据书证认定集资参与款，同时责令退赔，但对未报案的投资人先不予以执行，待其报案后，再予以执行。

8. 关于非法吸收公众存款罪构成要件认定的问题

《解释》第1条明确了非法吸收公众存款罪的四个构成要件：①非法性，未经有关部门依法批准或者借用合法经营的形式吸收资金；②公开性，通过媒体、推介会、传单、手机短信等途径向社会公开宣传；③利诱性，承诺在一定期限内以货币、实物、股权等方式还本付息或者给付回报；④社会性，向社会公众即社会不特定对象吸收资金。

（1）公开性

涉众型经济犯罪案件中，媒体、推介会、传单、短信等是比较典型的宣传方式，认定行为具有公开性没有争议。但实务中，存在一种非典型的宣传手段，即“口口相传”，对此是否属于公开宣传，存在争议，而公开性是非法吸收公众存款罪的构成要件之一，是否具有公开性决定着罪与非罪。

（2）利诱性

审判实务中，非法吸收公众存款案件，被告人向投资人承诺的年利息一般介于8%～15%，少数案件超过15%，在2015年8月之前，人民法院均认定该返利比例为高额返利，并在判决书中予以表述。2015年8月施行的《最高人民法院关于审理民间借贷案件适用法律若干问题的规定》第26条规定，借贷双方约定的利率未超过年利率24%，出借人请求借款人按照约定的利率支付利息的，人民法院应予以支持。在此规定之后，审判实务中继续认定年利息8%～15%为高额返利并在判决书中表述承诺高额返利，尤其是“借款”类的非法吸收公众存款案件，值得商榷。

（3）社会性

与社会性特征相对应的是特定性，《解释》第1条同时规定了未向社会公开宣传，在亲友或者单位内部针对特定对象吸收资金的，不属于非法吸收或者变相吸收。如何理解特定对象，实践中存在理解分歧，尚缺乏被广泛认可的观点。

9. 关于直接经济损失数额认定的时间节点问题

《解释》第3条设定了非法吸收公众存款罪入刑与法定刑升格的数额标准，其中直接经济损失数额也是标准之一：个人非法吸收或者变相吸收公众存款，给存款人造成直接经济损失数额在10万元以上的，单位非法吸收或者变相吸收公众存款，给存款人造成直接经济损失数额在50万元以上的，应当以非法吸收公众存款罪追究刑事责任；个人非法吸收或者变相吸收公众存款，给存款人造成直接经济损失数额在50万元以上的，单位非法吸收或者变相吸收公众存款，给存款人造成直接经济损失数额在250万元以上的，属于数额巨大或者有其他严重情节。

法律及司法解释并未进一步明确直接经济损失数额计算的时间节点，也就是说以哪个时间节点来认定被告人吸收公众存款给存款人造成的直接经济损失数额。审判实务中存在三种分歧意见：①立案时，即刑事案件立案时，被告人吸收的存款与返还的存款数额之差；②起诉时，即公诉机关提起公诉时，被告人吸收的存款与返还的存款数额之差；③宣判时，即人民法院宣告判决时，被告人吸收的存款与返还的存款数额之差。如果案件有二审的，一种意见认为仍以一审法院宣告判决时为节点，一种意见认为以二审法院宣告判决时为节点。

10. 关于单位犯罪的认定问题

非法吸收公众存款罪、集资诈骗罪等涉众型经济犯罪，单位也可以成为犯罪的主体。由于单位犯罪的量刑要低于自然人的量刑，审判实务中，被告人、辩护人往往会以案件属于单位犯罪进行辩护。从统计结果来看，公诉机关指控单位犯罪的仅1件。究其原因，一是认定单位犯罪，无法责令自然人退赔投资人的经济损失；二是在特殊情况下，单位犯罪与自然人犯罪区分比较困难。目前，区分单位犯罪与自然人犯罪的主要法律依据是1999年7月3日施行的《最高人民法院关于审理单位犯罪案件具体应用法律有关问题的解释》第2条：个人为进行违法犯罪活动而设立的公司、企业、事业单位实施犯罪的，或者公司、企业、事业单位设立后，以实施犯罪为主要活动的，不以单位犯罪论处。但实践中存在特殊情况，即被告人公司正常经营，在经营较长时间后因资金周转困难，转而实施吸收公众存款的行为，此情况并不符合个人为违法犯罪活动而设立公司，也不符合公司设立后以实施犯罪为主要活动的规定。如何认定，缺乏明确规范。

（二）证据方面存在的问题及原因分析

涉众型经济犯罪案件，案情复杂、涉及面广，取证、质证相对烦琐。审判实务中暴露出涉众型经济犯罪案件的证据收集与质证方面存在四方面的问题。

1. 证据收集不全

（1）返款证据收集不全

涉众型经济犯罪案件涉及三组数额：吸收的数额、返款的数额、损失的数额。吸收的数额决定定罪及量刑基点，返款的数额和损失的数额关系量刑的调解幅度和责令退赔的数额。当前公安机关重视对吸收数额证据的收集，而对于返款数额的证据收集力度不够，主要表现为对返款情况的询问不足及对返款数额证明材料收集不足。审判实务中，部分案件只能以投资人的言词证据认定返款的数额，证明标准降低。部分案件中，投资人言词证据未提到返款数额的，只能靠法官电话逐一核实或认定为没有返款数额，难以确保实体公正。

（2）关联证据收集不全

涉众型经济犯罪案件中存在大量关联证据。这里的关联证据指的是证明涉案查封、冻结、扣押的不动产、准不动产来源、权属等事项及冻结存款的金额、期限等事项的证据。涉众型经济犯罪案件中，在案大量的款物需要处理，主要包括三类：不动产，如土地使用权、房产；准不动产，如汽车；存款，包括现金、银行账户、股权等。需要用证据证明的对象主要是涉及第三方的款物，第三方包括项目方公司、第三人等。需要用证据证明的内容主要是款物的来源、与本案的关系、权属是否有争议、是否涉及善意取得，冻结存款的金额、期限等。与审判需求不符的是，当前公安机关对关联证据的收集明显不足。突出表现为：不动产权属来源不明；与案件的关联性不清晰；查封、冻结期限不明确；冻结存款数额不清楚等，严重影响了人民法院对涉案财物的处理及对涉案款的续冻、划扣等。

（3）电子证据取证不及时

涉众型经济犯罪案件中，有的被告人通过网页进行公开宣传，该电子证据对认定被告人是否属于公开宣传具有重要意义。对于非法经营网络交易平台的案件，电子证据意义更为重大，甚至对于案件的定性、数额的认定起决定性的作用。相比其他证据而言，电子证据极易灭失、篡改且不可替代，而当前公安机关收集电子数据明显不及时。

2. 证据收集不规范

（1）最佳证据规则被架空

最佳证据规则（best evidence rule），又称原始文书规则（the original writing rule）是刑事诉讼证据规则之一，主要解释是：如果你要证明文书的内容，就必须提供文书本身。《刑事诉讼法》第71条规定，据以定案的书证应当是原件，取得原件确有困难的，可以使用副本、复制件。涉众型经济犯罪案件中，人民法院据以认定投资人投资款的书证应当是协议书、转账凭证、对账单的原件，只有在投资人提交原件确实有困难的情况下，才可以依据复制件认定。遵循最佳证据规则是依法办案的要求，也可以避免投资人以多份复制件重复报案、报案的同时又提起民事诉讼的弊端，节约司法资源、纸张资源。而司法实践的情况恰然相反，公安机关收集的协议书、转账凭证、对账单绝大多数是复印件，且复印件多数情况下无投资人签字确认，重复报案、报案的同时提起民事诉讼的现象多发，有限的司法资源被浪费，最佳证据规则荡然无存。

（2）言词证据形式不符合规范

《刑事诉讼法》及《刑事诉讼法解释》对证人证言、被害人陈述的形式要求作出了明确规定。但当前，大量的言词证据不符合规范，主要表现为：没有询问人签字；询问笔录内容相似度极高，复制、粘贴的痕迹明显；被询问人没有签字确认；内容不确切，如返款10万余元等等。究其原因，一是涉众型经济犯罪案件办案压力太大，无法逐一按言词的实际内容记录；二是投资人言词内容基本一致，故采取复制、粘贴的方式。言词证据形式不规范一方面造成了证明标准的降低，另一方面对认定案件事实产生影响，尤其是需要以言词证据认定投资人对应的责任被告人时。

3. 证据移送不规范

北京市朝阳区人民法院审结的3起涉众型经济犯罪案件，公安机关将作为定案根据的大量协议书未装订成册，而以赃证物的形式移送审查起诉，人民检察院未予处理仍以赃证物形式移送审判。该移送方式带来的问题有：一是给法官、辩护人阅卷带来困难；二是给卷宗流转带来困难，包括公安机关与公诉机关的交接、公诉机关与审判机关的交接、一审法院与二审法院的交接；三是给卷宗保管带来困难，协议书等未装订成册，丢失、损毁的风险大；四是判决如何处理有困难，人民法院对此证据材料既不能退回公诉机关，又不能不作处理。

4. 证据质证方式待完善

涉众型经济犯罪案件的证据材料多，主要集中在投资人的言词证据及提交的协议书等书证，庭审中，如何质证一直困扰着审判实务。经调研，审判实务中主要存在三种质证方式：一是一律质证，对投资人的所有言词证据、书面证据一律“一证一质”；二是选择性质证，选取有代表性的投资人言词证言、书面证据质证，其他类似证据，辩方无意见的，不质证；三是简化式质证，选择一部分投资人的言词证据、书面证据详细质证，其他类似证据，宣读投资人的姓名、投资数额、返款数额、损失数额。三种方式各有利弊：一律质证，充分保障辩方权利，但庭审效率不高；选择性质证，庭审效率有所提高，但对辩方权利保障不足；简化式质证，兼顾了庭审效率和权利保障，但实际上是以“牺牲”一部分庭审效率和辩方权利为代价。

（三）审判实务方面存在的问题及原因分析

涉众型经济犯罪不仅涉及法律规范、诉讼程序等方面，作为法定犯，涉众型经济犯罪还关涉社会示范因素、投资人因素、社会稳定因素等。鉴于此，涉众型经济犯罪案件的审理也与其他案件有所区别，实务层面的问题也比较多。

1. 关于追赃问题

当前，涉众型经济犯罪跨区域、跨国界特征十分明显，部分案件的投资人涉及美国、日本、中国香港、中国台湾等国家和地区，追赃难问题突出。

（1）赃款去向查明难

当前，涉众型经济犯罪案件资金去向呈现“账户多、往来频、辐射广”的特点。账户多，是指与涉案账号有资金往来的其他账户繁多，包括个人账户、单位账户，与案件有关的，也有与案件无关的。往来频，是指与涉案账户有资金往来的账户有多笔资金往来，难以区分单笔往来的事由。辐射广，是指与涉案账号有大笔资金往来的账户与其他账户还有资金往来，赃款最终去向难以查证。

（2）查扣财物保值难

当前，涉众型经济犯罪案件在涉案查封、扣押的财物呈现“种类多、估值难、贬值快”的特点。种类多，是指涉案查封、扣押、冻结的财物不再局限于资金账户，股权、采矿权、土地使用权、林权、玉石、书画等财物也成为被保全的对象。估值难，是指涉案保全的财物价值难以衡量、难以变现，如土地使用权、采矿权等财物，无法衡量价值。贬值快，是指涉案保全的财物价值损耗快，如机动车，保全时间越长，可以处理的有效价值越低。

（3）涉案资产处置难

当前，涉众型经济犯罪案件涉案资产呈现“跨区域、涉主权、变现慢”的特点。跨区域，是指与案件有关的资产涉及多个城市、省份，仅凭一基层法院无法有效处置。涉主权，是指部分被告人将集资款投资境外项目或者移转到境外，涉及国家主权，处置程序烦琐，处置率低。变现慢，是指部分资产拍卖变现时间较长，处置周期难以保证，如土地使用权、采矿权，拍卖处置的时间周期太长，甚至经常发生流拍，难以变现。

2. 关于查封、扣押、冻结难的问题

仅2015年，北京市朝阳区人民法院涉众型经济犯罪案件办理过程中涉及查封、冻结、续冻事项就达300次，其中续冻约占90%。审判实务中，突出暴露了涉众型经济犯罪案件查封、扣押、冻结“三难”。

（1）查封、冻结、续冻期限确定难

《刑事诉讼法》规定了法院可以查封、冻结，但法律及相关规范文件并未明确期限。目前，查封、冻结、续冻主要依据《最高人民法院关于适用〈中华人民共和国民事诉讼法〉的解释》第487条的规定，以及《最高人民法院、国家工商总局关于加强信息合作规范执行与协助执行的通知》第14条的规定。但对查封、冻结、续冻的期限依据《民事诉讼法》解释及执行规定，适用性及专门性不足，导致实践中存在法院据此冻结外地账户时，当地有关部门提出刑事案件账户冻结期限不能适用《民事诉讼法》的规定，并以没有明确法律依据为由不予配合。此外，由于相应的法律规范对公安机关办理查封、冻结、续冻的期限有明确规定，如公安机关冻结存款的期限原则上是六个月，这与《民事诉讼法》解释修改前的规定是一致的，但《民事诉讼法》解释修改后将这一期限规定为最高一年，与公安机关的相关规定存在差异，进一步导致法院参照不同规范办理查封、冻结、续冻的期限确定不统一的情况。

（2）公安机关移送的冻结账号，法院续冻衔接难

针对查封、冻结工作的相关程序和工作规范，公安机关与法院并不相同，导致公安机关随卷移送法院的协助冻结通知书（回执）往往不能与法院下一步的续冻工作衔接，如部分手续并未明确表明

查封、冻结的期限及期限止日，有的附有查封、冻结期限及期限止日的，多为手写，无签章确认。法院为确定查封、冻结的止日及金额，只能出具文书另行到有关机关调取，造成司法资源的浪费，而且因为查封、冻结期限不明或不准确，承办法官亦存在续冻不及时的风险。此外，实践中有的机构存在认识偏差，对于公安机关冻结而法院续冻的，要求先由公安机关解冻，法院才能续冻，否则不予配合，影响案件的审理进程。

（3）部分账户余额过低导致是否冻结、续冻取舍难

实践中，很多账户内的余额较少，部分账户内甚至无存款。对此类账户是否冻结或续冻面临两难，通常法院会对这些账户一律冻结、续冻，避免因账户未冻结造成当事人的不满，引发不稳定因素，但造成了司法资源的浪费。也有法官会衡量账户冻结、续冻的价值是否高于因冻结、续冻造成的支出，对账户余额较少的外地账户或无余额的账户不予冻结，但可能造成当事人的不满，尤其是非法集资类案件中这种情况较为突出。

3. 关于具体数额的认定问题

涉众型经济犯罪案件，需要审理查明的具体数额包括涉案总金额（集资数额、传销数额、非法经营数额）、返款的数额和损失的数额。

（1）仅有投资人言词证据时，数额能否认定有争议

涉众型经济犯罪案件中，有的投资人不能提供参与投资的书面证据，在只有言词证据的情况下，集资数额能否认定存在争议：一种意见认为，只有言词证据不能做到证据确实、充分，投资人投资款不能认定；一种意见认为，涉众型经济犯罪案件不同于其他案件，证明标准不能过于严苛，只要辩方没有提出反对意见，可以凭投资

人的言词证据认定投资款。

（2）投资人陈述的投资金额、返款金额与书证不一致时，如何认定有争议

有的涉众型经济犯罪案件，投资人口述的投资金额、返款金额与其提供及公安机关调取的书证不一致，此时，如何认定存在争议：一种意见认为应当以书面证据为准，因为书面证据是客观的，言词证据带有主观性；一种意见认为应当以投资人的陈述为准，因为对于投资人来说，其最关心的问题是经济损失，因此其言词证据最符合实际。

（3）如何看待审计报告（司法会计鉴定报告）有争议

审判实务中，有的法官认为审计报告是涉众型经济犯罪案件审理不可或缺的，要求所有案件一律审计；有的法官认为审计报告不能作为定案的根据，所有案件一律不用审计。有的法官断案全凭审计报告的内容，有的法官断案完全脱离审计报告的内容。审计报告的证据性质及证明力，难以统一标准。

（4）涉案公司登记表能否作为定案的根据有争议

有的涉众型经济犯罪案件，涉案的公司管理相对规范，对投资人的投资时间、投资金额、返款的金额、尚欠的金额等有比较详细的登记，对此登记形成的登记表，能否作为定案的根据有争议：一种意见认为，只要辩方对此登记表内容无反对意见，即可作为定案的根据；一种意见认为，涉案的公司登记表不能单独定案，需要有其他书证予以辅证；一种意见认为，涉案的公司登记表不能单独定案，如果有投资人的言词证据相印证，即使无其他书证的，也可以定案。例如，北京市朝阳区人民法院审结的李某等九人非法吸收公众存款一案，公诉机关指控的数额中包括单独以公司登记表认定的

犯罪数额，法院审理后认为该登记表不得单独定案，对此部分数额未予认定。

（5）非法吸收公众存款案件，到期续投的投资款是否累计计算有分歧

非法吸收公众存款案件，存在大量的续投资情况，即投资期满后，只取出利息，本金续投。此种情况下，投资款是否累计计算存在分歧。肯定说认为，续投是新的投资，数额累计计算。否定说认为，续投资金与前次投资资金系同一笔资金，不能累计计算。折中说认为，如投资人取出本金后，再次入资续投的，前后投资没有关联，累计计算；如投资人未取出本金，直接以前次投资本金续投的，前后投资款系同一笔，不累计计算。

三　审理涉众型经济犯罪案件的建议

涉众型经济犯罪，成为破坏法治和社会和谐的重要因素之一，投资人与公安机关、检察机关、审判机关的对立情绪逐渐累积。随着案件总数的不断攀升，公安司法机关的办案压力也越来越大，尤其是执行法官。涉众型经济犯罪是经济发展的产物，也将随着经济的高度发展逐渐消失，但在当前环境下，如何妥善审理涉众型经济犯罪案件，化解社会矛盾、消除不和谐隐患是司法面临的重要课题。为此，国务院、最高人民法院、最高人民检察院、公安部先后出台了制度规范、法律规范。本文认为，除了完善制度规范、加大司法力度、提高执行效率外，最重要的是逐步形成“买者自负”的社会环境，逐步消除涉众型经济犯罪生存的社会土壤。针对涉众型经济犯罪案件审理中存在的问题，本文提出如下建议。

（一）法律适用方面

完善关于涉众型经济犯罪案件审理的法律规范，加强典型案件指导，为司法实务提供规范性指引。

1. 明确第三方的法律地位

首先需要明确的是，未被公诉机关提起公诉的第三方不属于刑事案件的当事方，人民法院审理刑事案件不能对第三方进行处理。对第三方提起的民事诉讼案件不能移送刑事案件一并处理（实际上，刑事案件也无法处理），民事案件原则上不受刑事案件审理进程的制约，如确有必要的，可待刑事案件先行审结。涉案的第三方财产，如证据足以证明赃款流入第三方的，可依据追赃，对第三方扣押的财产依法处理。

2. 关于追加起诉问题

（1）建议追加起诉后，审理期限重新计算

公诉机关追加起诉的，必然会增加新的事实，需要补充新的证据，虽然与《刑事诉讼法》第 202 条规定的补充侦查有一定区别，但实质上并无二致，可以依照补充侦查的规定，人民法院的审理期限重新计算。事实上，审判实务中，公诉机关追加起诉，建议延期审理的，人民法院也采取的是重新计算审限的方式。

（2）限定追加起诉的时间

涉众型经济犯罪案件中，公诉机关追加起诉主要是投资人报案时间不一致造成的，为了妥善化解矛盾，有效利用司法资源，并案审理是必要的。但公正与效率是相辅相成的，人民法院审理案件的期限有限制，本文建议追加起诉应当在人民法院所有审限届满前（包括检察机关两次补充侦查，重新计算的审理期限）15 日内提出，以确保预留人民法院审理追加事实所需要的时间。此期限外，仍需要追加起诉的，可以作为单独案件另行起诉。公安机关受理报案后，及时发布催示公告，督促投资人及时报案。

3. 合理确定提起公诉的被告人范围

打击涉众型经济犯罪的组织者、策划者、实施者，对与投资人直接接触、吸收资金的销售人员从严打击，对投资人诉求强烈的行为人重点打击。对案件参与程度不高、作用不大的“打工族”，在其退缴违法所得后，可以不再提起公诉，追究刑事责任，避免打击面过宽，做到罪责相适应。

4. 共同犯罪中，中层负责人、底层业务员数额、地位视其具体作用认定

本文认为，对部门经理、团队长、部门主管等中层负责人员，其犯罪数额及其在共同犯罪中的地位应当具体案件具体分析。①对参与公司经营决策的中层负责人，应当按照全部数额认定其犯罪金额，视其对经营政策的决定力认定主从犯。②对不参与公司经营决策，在公司控制人指示下管理本部门业务，但对其他业务部门具有管理权的中层负责人，应当按照其所管理的部门及具有管理权的部门犯罪数额认定其犯罪金额，视其管理程度认定主从犯。③对不参与公司经营决策，在公司控制人指示下管理本部门业务，且对其他业务部门没有管理权的中层负责人，应当按照其所管理的本部门犯罪数额认定其犯罪金额，视其管理程度认定主从犯。④销售部门的业务员，按照其直接吸收的数额认定犯罪金额，在此范围之内，其属于直接实施者，对涉案公司吸收该部分资金起主要作用，应当认定为该部分犯罪数额的主犯。

5. 明确投资人的诉讼法地位

本文认为，用集资参与人这一概念界定投资人不妥。集资参与人字面含义为参加集资的人，为防止投资人误解（司法实践中存在投资人对此称谓不满的情况），本文建议使用投资人这一概念。从诉讼法地位而言，其类似于证人（在集资诈骗罪中投资人属于被害人），但在目前司法环境下，尚无法完全按照证人的权利义务来界定投资人，为了社会治理的需求，仍应当允许投资人参与案件旁听，但除了集资诈骗罪之外，投资人不享有被害人的诉讼权利，不能参与庭审。这种异化的处理方式在相当长的一段时间内还会继续存在，但作为刑事判决书，在表述其诉讼地位时应当统一，在非法吸收公众存款罪中，应统一表述为投资人。

6. 适度排除集资实施人及其亲属的投资款

（1）被告人的投资款不认定

被告人直接实施了犯罪行为，属于刑事案件的被追诉人，其不属于投资人，也不属于被害人。从其他同案犯的罪责角度而言，被告人对共同犯罪的故意是明知的，对共同的犯罪手段也是明知的，其在明知的主观认识下，自行投资，其他被告人对其投资款不应当承担责任，这是主客观一致原则的必然要求。从被告人的民事退赔角度而言，其除了承担刑事责任之外，还应当承担退赔责任，不应当责令其他被告人或者其自己退赔其经济损失。从最终处理结果而言，即使有退赔款，也应当冲抵其承担的民事退赔责任。因此，本文认为被告人的投资款不能认定为犯罪数额。

（2）被告人的亲属及其他未追究刑事责任的违法人的投资款宜予以认定

被告人的亲属不同于被告人，其财产具有相对独立性，从罪责刑相适应的角度而言，被告人吸收亲属的资金，应当对此承担刑事责任。从审判实务来看，被告人尤其是销售业务员为获得高额提成，往往首先会吸收亲属的投资款，如果将被告人亲属的投资款排除在吸收款之外，无疑纵容了犯罪行为，也不利于社会稳定。

其他未追究刑事责任的违法人，本文认为宜认定，但在执行退赔时，应当扣除其通过实施违法行为获得的收益，包括工资、提成等。

7. 统一责令退赔

涉众型经济犯罪案件，投资人一方面关注刑罚的判处情况，一方面关注经济损失的挽回情况。非法吸收公众存款、集资诈骗等行为使投资人遭受了经济损失，应责令被告人退赔。本文认为，除了组织、领导传销活动罪之外，其他涉众型经济犯罪，如非法吸收公众存款罪、集资诈骗罪、非法经营罪等应当判令被告人退赔投资人的经济损失。

对于未报案的投资人，缺少言词证据，无法查明其返款的情况，部分案件中仅有未报案投资人的姓名，无其他身份信息及联系方式，无法执行。因此，对于未报案的投资人，在案书证足以认定其投资事实的，予以认定投资事实，但不责令退赔其经济损失。其经济损失可以另行提起民事诉讼或再行报案。一方面可以督促投资人及时报案，避免追加起诉或者再次起诉；另一方面也符合涉众型经济犯罪本身的涉众特征对审判实践的特殊要求。

8. 准确把握非法吸收公众存款罪构成要件

非法吸收公众存款罪的四个构成要件：非法性、公开性、利诱性、社会性。

非法性强调的是行为违反国家金融管理法规，这里的金融管理法规不是单独的部门法，而是法律体系。

关于利诱性，将其理解为高额返利是对法律规定的误读，非法吸收公众存款罪利诱性强调的重点是承诺在一定期限内还本付息或者给付回报，至于是否实际得到兑现不影响认定。高额返利只是利诱性的一个方面，但并非必要要件，将利诱性理解为高额返利是对《解释》规定的不当缩小解释。

公开性和社会性特征联系较为密切，其所强调的核心在于公开吸收不特定对象的资金。如何认定公开性和社会性，本文认为可以以“圆点理论”来界定，即以被告人为圆点，审查其与投资人是否存在直接关系，如果投资人是通过与被告人有关系的人介绍后投资的，突破了特定范围，应当认定为针对不特定对象，通俗来说就是“亲友的亲友不再是亲友”。实践中认定困难的“口口相传”宣传方式，也可以以此标准认定，如投资人投资是基于被告人的介绍，公开性不能认定；反之，如通过投资人再介绍，口口相传，而被告人对此予以放任，则可以认定具有公开性。如图 11 所示，与被告人存在直接关系的内环投资人属于特定对象；与被告人间接相联系的外环投资人属于不特定对象。

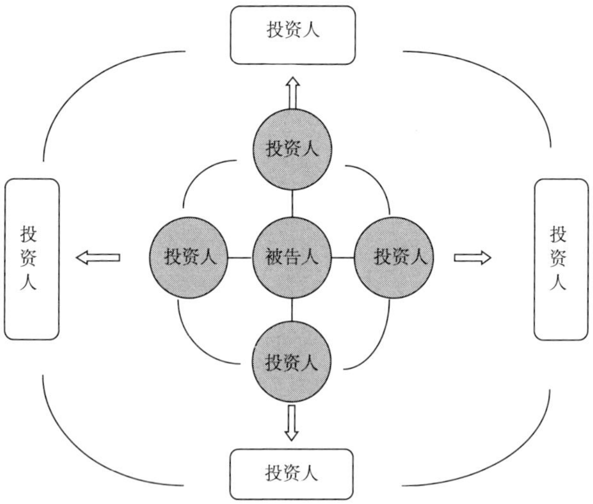

图 11　“圆点理论”示意

9. 直接经济损失数额认定的时间节点为“立案时”

审判实务中，非法吸收公众存款罪尚未出现以存款人直接经济损失数额定罪量刑的案例。一方面实践中均以非法吸收数额认定，另一方面与直接损失数额认定时间节点有争议相关。以被告人给存款人造成的直接经济损失数额为入罪或法定刑升格的依据，直接经济损失数额的计算时间应截至立案时。《刑法》和司法解释中类似的规定较多，典型的如《刑法》第 397 条关于滥用职权罪、玩忽职守罪的规定：国家机关工作人员滥用职权或者玩忽职守，致使公共财产、国家和人民利益遭受重大损失的，处……。2005 年 7 月 26 日发布的《最高人民检察院关于渎职侵权犯罪案件立案标准的规定》明确，造成个人财产直接经济损失 10 万元以上构成滥用职权罪，造成个人财产直接经济损失 15 万元以上构成玩忽职守罪。关于时间节点的问题，2004 年 11 月 22 日最高人民法院研究室对浙江省高级人民法院《关于对滥用职权致使公共财产、国家和人民利益遭受重大损失如何认定问题的答复》（法研〔2004〕136 号）明确：人民法院在审判过程中，对于行为人滥用职权致使公共财产、国家和人民利益遭受的损失计算至侦查机关立案之时。立案后，判决宣告以前追回的损失，作为量刑情节予以考虑。本文认为，非法吸收公众存款罪中关于直接经济损失的规定与玩忽职守罪、滥用职权罪的立法模式相符，应比照最高人民法院的答复，非法吸收公众存款给存款人造成的直接经济损失计算至侦查机关立案之时。立案后，被告人退赔的情况作为量刑情节予以考虑。

10. 以犯罪时间段内实施主要活动的性质区分单位犯罪与自然人犯罪

以合法目的成立单位，并开展正常经营活动，其后实施非法吸收公众存款行为的，不能简单符合公司、企业、事业单位设立后，以实施犯罪为主要活动，不以单位犯罪论处的规定。但在其犯罪时间段内，若公司除非法吸收公众存款行为外，没有其他经营活动的，可以比照此规定，认定为自然人犯罪，不认定为单位犯罪。本文认为，在指控时间段内（即犯罪活动开始至结束的时间段内），公司以非法吸收公众存款等违法活动为主要活动的，不论其之前是否有正常经营活动，仍认定为自然人犯罪，这与法律规定的意图是一致的；犯罪活动开始后，同时具有合法经营活动且合法经营活动系主要活动的，认定为单位犯罪。

（二）证据方面

1. 全面、有效搜集证据

全面搜集证据，要求搜集与本案定罪量刑有关的直接证据，也要搜集与查封、冻结、扣押款物有关的关联性证据；既要搜集认定集资款的定罪证据，也要搜集返款的量刑证据；既要注重搜集书面证据，也不能忽视搜集电子证据、言词证据等等。

有效搜集证据，是指搜集的证据为案件处理所需，包含两个层次。①符合证据的形式要求，尤其是言词证据，搜集程序要严格遵循《刑事诉讼法》的相关规定。对于书面证据，除法定事由外，应当搜集原件，遵守最佳证据规则。作为定案的证据，应以卷宗形式移送，避免随意性。②搜集有用证据，创新言词证据的搜集模式。涉众型经济犯罪案件中，投资人众多，要求逐一搜集言词证据且制作询问笔录，对公安机关要求过高，而且内容重复的言词证据严重浪费有限的纸张资源。经过审判实践的摸索与归纳，建议创新对投资人言词证据的搜集模式，采用表格填充式搜集模式，制定统一制式表格，让投资人如实填充并针对填充内容提供相应证据材料原件。填充式表格，应当包括但不限于影响执行的投资人的基本信息（姓名、住址、联系方式、身份证号），影响案件事实认定的基本信息（投资时间、投资金额、返款金额、损失金额、集资介绍人、介绍他人投资获得的提成）等事项。

2. 高效质证

高效质证，是指针对涉众型经济犯罪案件的特殊性，对投资人的言词证据及提交的书面证据，在充分保障辩方权利的前提下，采用便宜式质证方式。由公诉机关在起诉时随卷移送指控的投资人的姓名、投资金额、返款金额、损失金额、集资介绍人等与定罪量刑事实有关的汇总表格，庭前向辩方送达。庭审中公诉机关选取代表性投资人出示证据，对其他投资人的证据，辩方无异议的无须详细质证，辩方有异议的，着重质证。权利保障与庭审效率并举。

（三）审判实务方面

1. 基本原则

（1）宽严相济，突出严惩

“要根据经济社会的发展和治安形势的变化，尤其要根据犯罪情况的变化，在法律规定的范围内，适时调整从宽和从严的对象、范围和力度。要全面、客观把握不同时期、不同地区的经济社会状况和社会治安形势，充分考虑人民群众的安全感以及惩治犯罪的实际需要，注重从严打击严重危害国家安全、社会治安和人民群众利益的犯罪。”当前，涉众型经济犯罪案件高发，犯罪数额急剧增长，投资人的损失额越来越大，对金融管理秩序、社会管理秩序造成了严重的破坏，加之北京作为首都的特殊政治地位，维稳的压力与日俱增，因此在审理涉众型经济犯罪时，要适度体现从严的一面。

对涉众型经济犯罪中起组织、策划、决策作用的主要犯罪分子，要坚决予以严惩。严格规范缓刑、单处罚金、免于刑事处罚的适用范围及适用条件，除作用明显较小、退赃积极性高或有其他法定条件外，一般不得适用缓刑，严格限制单处罚金和免于刑事处罚的适用。从严把握减轻处罚的适用条件，对于具有自首、立功、从犯等法定可以减轻处罚情节的，应当结合其退赃的程度、悔罪的表现、犯罪的数额以及投资人的诉求等方面，决定是否减轻处罚，对仅有自首、立功、从犯等情节，退赃程度不高或犯罪数额较大或投资人诉求强烈的被告人，不宜减轻处罚。

（2）妥善化解社会矛盾

合理确定投资人的诉讼地位。对于依法不能认定为被害人的投资人，也要充分保障他们表达诉求的权利，畅通他们反映意见的渠道。对于投资人要求旁听案件审理的，人民法院应当根据自身的条件，安排投资人旁听或者由投资人选取的代表旁听案件审理。对于投资人反映强烈的问题，主审法官要及时答复，不能推避。

建立风险预判机制。针对案件牵涉人员多，审前准备、开庭、宣判等各个环节均容易引发群体性人员聚集或者其他干扰审判秩序事件的实际，实行风险预判、预案通报等机制，在受理案件之初，与前期侦办部门沟通了解前期办案风险情况，评估案件投资人人员情况和案件维稳压力；在开庭、宣判前，提前制订预案，并层报市高级法院、区委政法委。

加强沟通协调力度。针对涉案投资人情绪容易波动、行为容易过激的实际，刑事审判庭应与新闻办、信访办加强沟通，主动关注投资人动态，通过微博等方式传达案件审理进展，公布法官联系方式，主动引导舆情变化；与法警大队、保卫科加强协调，及时调配警力支持审判工作开展，全力做好审判安全保卫工作。

2. 加大追赃力度

（1）拓宽追赃的广度

当前司法实践中，公安机关、人民检察院、人民法院主要针对被告人进行追赃。而事实上，涉众型经济犯罪案件中，大量的集资款以返佣、提成流入了代销人员、介绍人员以及未被追究刑事责任的其他违法人。《意见》第5条明确规定，向社会公众吸收的资金属于违法所得。向帮助吸收资金人员支付的代理费、好处费、返点费、佣金、提成等费用，应当依法追缴。但对于追赃的主体未明确及拒绝退赔赃款的法律后果未明确，严重制约了追赃的广度，影响了追赃的程度。鉴于人民法院审判中立的地位及受指控范围的制约，应当由公安机关在立案侦查阶段，根据查明的赃款去向，追缴中间介绍人及未被追究刑事责任的其他违法人获得的违法所得，如不予积极配合的，视其违法程度可追究刑事责任。

（2）拓展追赃的维度

涉众型经济犯罪案件中，尤其是非法吸收公众存款案件，集资款多数流入了项目方公司。对此，建议公安机关加大追缴项目方应偿还被告人的款项，对查明属于赃款流入的，加大查封、冻结的力度。人民检察院、人民法院加强与项目方公司的沟通，为被告人与项目方的交流提供平台。投资人起诉项目方公司的，如果刑事案件未追究项目方公司，应当允许投资人提起民事诉讼。多角度解决项目方公司占用大量集资款而无法追缴的客观难题。

(3) 挖掘追赃的深度

转变侦查思维。改变以口供为主的侦查模式，着重审查涉案资金账户的资金交易往来，与银行、证券等金融机构协调，丰富账户查询内容，提高账户查询效率。

建立协调模式。针对跨区域、跨国境的涉众型经济犯罪案件，建立政法委牵头的公安机关、人民检察院、人民法院、金融系统等的协调机制，提升追赃效率。

健全先行处置。完善制度规范，明确操作流程，明晰权责义务，对不宜保存、宜贬值的涉案物品，进行先行处置，变现处理，防止涉案物品因贬值造成的无形流失。

创新变现方式。司法拍卖是当前涉众型经济犯罪涉案物品变现的主要手段，周期长、保值难。可结合资产的属性、位置等因素，探索多种变现手段，如对接转让，将资产转让给同行业的需求方；政府接管，对矿产、林地等资产，由政府牵头盘活。针对司法拍卖周期长、保值难的问题，适度放宽司法拍卖的准入限制，提升拍卖效率。

(4) 体现退赃对量刑的影响度

审理涉众型经济犯罪要贯彻宽严相济的刑事政策，鼓励被告人积极退赃，最大限度地挽回投资人的经济损失。对于积极退赃，全面、及时交代赃款去向或提供重要追赃线索的被告人，要根据退赃数额的多少、退赃数额与犯罪数额的比例高低、公安司法机关根据追赃线索追回赃款的数额及作用大小，在法定的量刑幅度内给予明显的从宽处罚，作用特别突出的，量刑的从宽幅度要更为明显。

3. 解决好查封、冻结、续冻难问题

法律法规对刑事诉讼中的冻结、续冻的期限加以明确规定，并明确若因同一事实或案件，由公安机关冻结，人民法院续冻的，无须公安机关先行解冻，人民法院可直接续冻。

公安机关完善冻结手续的内容，增设冻结金额及冻结期限并盖章确认，做到交接时冻结期限明了，冻结金额清晰。

对账户内无余额且无后续入款可能的，无须冻结。对账户内余额较少，而案件涉及金额大的案件，法院可以向当事人释明，当事人无异议的，可不冻结、续冻，当事人有异议的，应当冻结、续冻。

公安机关、人民法院多适用划扣方式将涉案账号内金额划至公安机关、人民法院专用账户，减少因多次续冻造成司法资源的浪费，同时避免续冻不及时的风险。

4. 涉众型经济犯罪案件数额认定的基本思路

（1）涉案公司的登记表不能单独作为定案的根据

涉众型经济犯罪案件中，有的公司会提供投资人的汇总表。本文认为涉案公司的登记表不能单独认定案件事实。其一，公司登记表主观性太强，客观性难以保证。其二，公司登记表不能排除登记错误，人为伪造、变造的可能。其三，在无其他证据佐证的前提下，仅以公司该登记表认定案件事实，不能做到证据确实、充分。涉案公司的登记表不能单独认定案件事实，但在有其他证据佐证的情况下，可以作为证据使用。

（2）辩证看待审计报告

涉众型经济犯罪案件中，一般情况下，办案机关都会委托审计公司对案件进行审计，出具审计报告。但需要明确的是，审计报告并非对案件审理不可或缺，也并非定案的根据。法官要辩证看待审计报告的作用：一方面，可以为查明案件提供参照，尤其是对涉案资金的去向，具有十分重要的指引作用；另一方面，在以审计报告认定涉案数额及各投资人的数额时，还需要以案件卷宗为基础，综合在案证据予以认定。对涉案资金的去向，审计报告只是客观表述资金流向，至于流向的性质，还需要法官发挥主观能动性，准确判断。

（3）投资人无书面证据的，并非一律不能认定

有的涉众型经济犯罪案件，投资人因客观原因确实无法提供书面证据，如果其言词证据的内容与案件基本事实相符，且有其他投资人的证言或者被告人的供述相互印证的，可以认定。如无任何证据予以辅证的，仅有言词证据，则无法认定。例外的是，在投资人言词证据中自认返款数额，但没有书证予以辅证且没有其他言词证据辅证的，可以依自认事实，以言词证据认定返款数额，这符合一般常理：就投资人而言，其最为关注的还是经济损失的问题，如无返款，其断不会自认。

（4）登记金额与实际投资金额不等值时，以实际投资金额认定犯罪数额

涉众型经济犯罪案件中，被告人吸引投资人投资，承诺的回报主要有三种形式。①预期返利。投资一定期限后，分期或一次性返利。②即时返利。投资当时，立即支付全部或者部分返利。③预先返利。投资时协议书登记的投资款为实际投资款及预期的返利之和，主要存在于“借款”类案件中。在第一种返利模式下，协议书登记的金额与实际投资的金额是等值的，在第二种和第三种模式下，协议书登记的金额大于实际的投资金额。举例而言，假定双方约定投资款 100 万元，利息 10 万元，那么在第一种返利模式下，投资人投资时交付的金额是 100 万元；在第二种返利模式下，因即时返利 10 万元，投资人投资时实际交付 90 万元；在第三种返利模式下，投资人投资时

实际交付100万元，但协议登记金额包含了返利，为110万元。

在协议书登记金额与实际投资金额出现不等值时，应当以实际交付的金额认定犯罪数额。理由在于：①基于《刑法》的文义解释，《解释》第3条规定，非法吸收或者变相吸收公众存款的数额，以行为人所吸收的资金全额计算，“吸收的资金全额”为实然而非应然，即已经吸收的全部资金，也就是投资人实际上已经交给被告人的资金；②基于法律的体系解释，《合同法》第200条规定，利息预先在本金中扣除的，应当按照实际借款数额返还借款并计算利息。比照此规定所蕴含的法理，非法吸收公众存款行为中行为人在吸收公众存款时预先扣除利息或者在投资协议书中记载的数额包含了约定的利息的，不应当计入犯罪数额，以实际收到的投资款认定犯罪数额。

（5）投资人言词证据证明的数额与书证证明的数额不一致时，并不当然以书证为准

涉众型经济犯罪中，通常会出现投资人的言词证据反映的数额与书证证明的数额不一致的情况，此情况下，并不当然以书证反映的数额为准，而应当具体分析。

投资人言词证据反映的投资数额高于书证证明的投资数额时，要看投资人就高出的数额是否能提供其他证据予以辅证，如无其他证据，而在案书证又全面搜集的情况下，应当以在案书证认定投资数额；投资人言词证据反映的投资数额低于书证反映的投资数额时，如前所述，涉众型经济犯罪案件中存在协议书登记数额高于实际投资数额的情况，故应当依照投资人的言词证据认定投资数额。

投资人言词证据反映的返利数额高于书证证明的返利数额时，以投资人言词证据认定返利数额，属于自认事实；投资人言词证据反映的返利数额低于书证证明的返利数额时，鉴于在涉众型经济犯

罪中存在投资人多次投资且部分投资款已经返本付息的情况，故对书证记载的返利数额高出投资人言词证据反映的返利数额时，应当进一步核实高出的返利返款的时间、返款的比例等与投资人报案的投资款之间是否吻合，如查明吻合的，依书证认定，如查明不吻合的，需要向投资人核实。

（6）坚持罪责刑相适应的原则

涉众型经济犯罪案件中，有的投资人介绍其他投资人获得的提成和奖励，应当予以追缴。投资人本金尚未归还的，该提成和奖励应当认定为返利，折抵本金。一方面，该提成和奖励实质上是赃款，如不予扣除，则对其他投资人不公平，且无法客观反映被告人的行为造成的实际损失；另一方面，将提成和奖励扣除，也符合法律规范。

认定的返利数额应当与认定的投资数额存在一一对应关系。在涉众型经济犯罪中，有的投资人存在多笔投资，每笔投资都存在对应的返利时间和比例，对于已经返本付息的投资，多数投资人不会报案，此时，认定的返利数额应当是与认定的投资数额对应的。举例而言，投资人投资2笔，一笔50万元，一笔100万元，其中50万元的投资已经返本付息，投资人只对100万元投资报案，在此情况下，如果合议庭最终认定的投资款是100万元，那么认定的返利数额应当是针对这100万元的返利；如果要将50万元的返利也认定，那么认定的投资数额应当是150万元，这是罪责刑相适应原则的必然要求。

（7）以被告人是否可实际支配为标准解决续投资的数额认定问题

非法吸收公众存款罪不属于占有型犯罪，也不属于结果犯，以被告人非法吸收的实际投资款数额认定其犯罪数额，可以更为准确地判断其社会危害性。在续投资的情况下，如果投资人前后投资的本金系同一笔，被告人所能支配的即该笔投资款，不能累计两次；如果投资人前后投资本金系不同笔本金，仅仅是时间到期后再次投资，被告人所能支配的即前后两笔投资款，应当累计。

“批复性执行规范”运行效果的实践检视

——基于220部执行指导性文件的实证研究

曹凤国[*]

摘　要：强制执行领域立法供给不足与基本解决执行难的迫切需求之间的紧张关系，催生了执行指导性文件的不断颁布实施。但执行规范的多元化制定部门、低位阶效力以及复合性功能导向特性，难以承载诸如规制自由裁量权、消弭申诉信访和克服主观执行不能的沉重使命。在阶段性发挥其规则认同、纠纷解决、空白填补、尝试创新等正向效果的同时，应该正视因其碎片化思维模式导致的粗放封闭、疏离实际、价值冲突、选择性适用等弊端带来的调整失灵。只有以问题为导向，从实践需要出发，构建科学化的执行规范体系，打造民主化的权利义务制度群，出台一部功能强大的强制执行法，才能真正实现我们对基本解决执行难目标的科学预判。

* 法学博士、高级研究员，中国政法大学强制执行法律研究中心执行主任。

关键词： 执行规范　指导性文件　运行效果

引　言

在人民法院职能发生深刻变革的时代，构建系统完善的制度体系是整个执行领域实现去"妖魔化"的重要前提。在全国法院力争"用两到三年时间基本解决执行难"的工作部署中，这种增加法律资源供给、弥补法律空白、明确法律规定、细化规则可操作性的尝试和努力显得尤为迫切。近三年以来，涉执行司法解释和指导性规范文件的制定实施也纳入了执行难综合治理的"时间表"和"路线图"，以极其罕见的速度次第出笼，以至于从数量上超过了以往全部执行立法的总和①。在试图以执行规范量变达成质变的美好愿望驱动下，最高人民法院陆续制定了财产保全等 15 部司法解释以及终结本次执行程序等 33 个指导性规范文件②。然而，以个案意识为起点的"规范累积"能否促成制度优化，还需要司法实践的反复检视。笔者以新中国成立以来最高人民法院制定、尚在生效的 220 部执行指导性文件为样本，以规范效应为对象对其在生动的司法实践中的生存状态予以动态考察，从体系空白、价值失衡、内容冲突、规则漏洞等多元视角，厘清执行指导性文件产生的正向和负向双重效果，以期对建构真正优良高效的执行法律制度有所助益。

---

① 最高人民法院享有制定司法解释的权力，这是中国作为成文法国家，统一法律适用标准和解决法律适用问题的独特手段。此外，最高人民法院还有实现统一法律适用标准和规范案件办理的三个主要路径：一是通过审委会就特定案件制定批复；二是制定发布非司法解释性质的指导性文件，指导下级法院工作；三是通过指导性案例、公报案例、年度案例等典型判例，提供裁判标准及司法尺度。

② 参见周强在十二届全国人大三次会议上所作的最高人民法院工作报告，2018 年 3 月 12 日。

一　据以考察的样本及外观解剖

（一）“批复性执行规范”的内涵与样本

2006年修订后的《人民法院组织法》第32条规定：“最高人民法院对于审判过程中如何具体应用法律法令的问题，进行解释。”不难理解，司法解释是经由审判委员会讨论通过并以法释文号公布实施的规范性法律文件。而由最高人民法院各庭室、局、办负责拟定起草，一般不经审委会讨论通过的非司法解释性质的指导性文件，则作为“批复性执行规范”存在，又称为指导性意见或规范性司法文件。就已有文体分析而言，其外延包括批复、规定、意见、复函、（联合）通知、答复、函、办法、解答等9种不同的表现形式（见图1）。

批复性规范文件的数量和发生频率远远高于司法解释，这一独特现象在已经成为社会焦点的执行领域也格外引人注目。

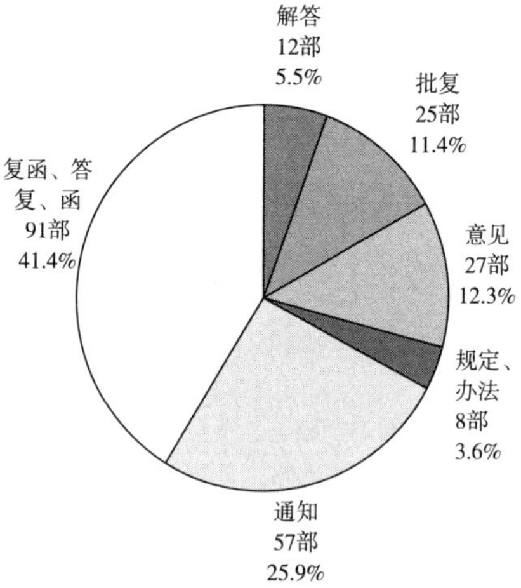

图1　批复性执行规范载体的形式分布情况

（二）“批复性执行规范”的特征与构造

1. 多元化的制定部门

执行程序所覆盖的领域极其广泛，涉及问题具有交叉性和混合性，以至于执行规范的起草部门并不限于原执行工作办公室或者执行局，民事、行政乃至刑事部门都不同程度地发布过有关执行工作的指导性意见，这种“政出多门”的传统至今仍在延续，如《最高人民法院关于认真贯彻实施民事诉讼法及相关司法解释有关规定的通知》（法〔2017〕369 号），就对到期债权执行以及对被执行人采取的强制措施和执行措施的条件与方式提出了新的要求和适用准则。

2. 低位阶的效力层次

“批复性执行规范”相对于纯正的执行司法解释，其立项审批、起草过程、意见征求、论证修改、通过方式均大幅度简化，除本文纳入考察的“小司法解释”批复之外，一般不经院审判委员会讨论通过，甚至不需要提请审判委员会执行专业委员会审议即可公布施行，一般条文研磨时间较短，不时带有临时性、应急性的痕迹。

3. 复合性的功能导向

无论是对全国各级法院执行工作予以指导和监督，还是对下级法院请示的具体案件进行批复，执行指导性文件不仅承载着纠纷解决的本位功能，还负有司法政策制定和贯彻实施的鲜明使命，可以说，“批复性执行规范”是司法政策的释放者和传导者。例如，《最高人民法院关于在执行工作中规范执行行为　切实保护各方当事人财产权益的通知》（法〔2016〕401 号）就是对《关于完善产权保护制度　依法保护产权的意见》（中发〔2016〕28 号）文件的落实，也是对近期提出的善意执行理念在实际工作中贯彻实施的体现。

（三）“批复性执行规范”的本位目的

《关于落实“用两到三年时间基本解决执行难问题”的工作纲要》提出，及时制定出台相关司法解释、规范性文件、指导意见，形成比较完善的执行工作司法解释规范体系，所要重点面对的是法官执法办案的法律适用难题、执行人员规范意识淡薄问题、执行行为失范以及执行规则碎片化现象。总结起来，不外乎越来越丰富的执行法律实践对系统性规则的需求与执行立法相对落后之间的紧张关系已经成为新时代执行工作的主要矛盾，司法需求的无限延伸必然要求执行指导性文件的不断出台[①]。执行规范只是最高人民法院总体指导意见群中的有机组成部分，但因沉重的历史包袱和现有执行立法规范体系相对单薄，一部强大的强制执行法出台之前，仅依赖《民事诉讼法》中50个执行条文远不能解决执行实践中日益突出的新矛盾、新问题，因而，执行顶层设计者出台执行指导性文件的冲动越来越强烈，具体案件承办人员关于“批复性执行规范”的认知与认可度也越来越高。

二　“批复性执行规范”的使命（涵摄）

（一）规制执行自由裁量权的制度之笼

执行制度不健全衍生的后果已经在执行理论界和实务界形成共识，执行难长期以来没有从根本上解决，《民事诉讼法》执行程序编

① 例如，《最高人民法院关于依法妥善审理涉及夫妻债务案件有关问题的通知》（法〔2017〕48号）要求妥善适用《最高人民法院关于适用〈中华人民共和国婚姻法〉若干问题的解释（二）的补充规定》，针对司法实践中出现的涉及夫妻共同债务的新问题和新情况，对现有规则进行调整。

及相关司法解释条文笼统、原则、脱离实际需求、无法操作，严重削弱了实践中规则适用的准确性和权威性，而执行立法的滞后与疏漏，在客观上留给了执行办案人员较大自由裁量空间，执行自由裁量权的无约束性运用，必然引发执行措施采取、法律规范适用、实务操作标准失范等一系列后遗症，实质上制约并消解了其他各项执行工作推进所取得的社会效果和法律效果。

（二）消弭执行申诉信访的纠纷之器

当事人通过各种途径，甚至发动各级人大代表、政协委员对执行个案进行干预，导致法院在执行工作中面临越来越严峻的信访压力。这种脱离法定执行救济路径的信访冲动和申诉行为，已经成为法院不能承受之重。执行工作的信息化、网络化和自动化建设在一定程度上改变了实际执行率长期低效运行的现状，执行资源的集约化使用也确实缩短了债权兑现的周期。但进入执行程序中的债权人对将来实现债权的担忧与执行权力有限性发展的紧张关系并没有缓解，以至于需要通过专项行动开展所谓“消极执行”“反规避执行”“反干预执行”来达成特定时期的暂时平衡。与此同时，执行权力救济制度中实体规则的不健全与实践中对变更追加执行主体边界以及执行客体权属判断标准的失真，形成了新的紧张关系，案外人和利害关系人也试图通过执行申诉信访的压力传导达成其预期目标，这也客观上促成顶层设计者要通过专门的批复性规范的生成对类行为、类案件进行纠正和指引。

（三）释放主观执行不能压力的公信之基

个人破产制度的缺位与利用僵尸公司逃债应对措施的疲软，导致执行程序中大量执行案件出现了执行不能。执行不能的原因可分为主观执行不能和客观执行不能，客观执行不能是指因执行债务人实际欠缺清偿与履行能力，无财产可供执行，可归结于当事人应承担的市场风险和交易风险。而主观执行不能抛开执行主体不作为的微弱因素外，根本原因是有关执行的实体和程序规定散见于司法解释、规范性文件中，不仅没有形成科学合理的体系，而且留有大量的空白地带，影响了制度系统效果的发挥，执行权行使的配套监督措施缺位、地方及部门保护主义作祟、债务人利用制度漏洞规避和拖延执行，非因债务人欠缺履行能力的主观执行不能案件占有不可忽视的比重。主观执行不能带来的社会压力更需要通过规范制定、会议动员、专项行动等多样化措施予以纾解。

三　“批复性执行规范”的效果预设

民事审判规范的系统性和稳定性，反衬出执行规范本身的差异性、碎片化和变动不居，而“批复性执行规范”天然的实效性和解决问题的现实针对性，促使实际承办案件的法官以实用主义态度选择和适用这一类特殊规范。进而，“批复性执行规范”演化为应然和实然两个对应层面的效力约束。实然效力指此类执行规范在案件办理和纠纷解决过程中的适用频率和认可接受程度，应然效力与规范载体位阶、制定程序、适用范围密切相关。两层效力考察目前看来是一个非常困难的过程。因此，本文对于来自文本自身的应然效力不进行过多论述，而将着力点放在实践反馈的法律效果和社会效果。

（一）“批复”规则认同与定分止争

“批复”的内容虽然是针对高级人民法院就某个典型案件书面请

示载明的专门问题而给予的答复，但其制定程序与司法解释基本相同，要经过审判委员会讨论决定而最终定型，一般情况下要召开新闻发布会，阐述立法目的和条文旨意，经由最高人民法院公告，向全社会公布条文，因此，批复对全国执行法院有普遍的约束效力。“批复”因其制定文本的权威性和解决问题的有效性，实践中得到高频率适用，从样本涵盖的25个执行批复的适用情况看，实践中取得了规则认同和定分止争的预期效果。举例而言，根据福建高级人民法院《关于解决法院首封处分权与债权人行使优先受偿债权冲突问题的请示》（闽高法〔2015〕261号）所制定的《最高人民法院关于首先查封法院与优先债权执行法院处分查封财产有关问题的批复》，其运行效果得到广泛肯定，在司法实践中，担保物被某个普通债权人抢先查封却长期不予处置，导致首封法院优先处置权严重影响担保债权人对担保物的优先受偿权实现的情况得到了根本性改观。而首先查封法院与优先债权执行法院就移送查封财产发生争议逐级报请双方共同的上级法院指定该财产的执行法院的情形也并不多见，说明该批复立足于基层实践，所确立的争议解决规则已经深入人心，实现了高度的默契式认同。同样，法释〔2016〕3号批复提出的“当事人、利害关系人依照民事诉讼法第二百二十五条规定对终结执行行为提出异议的，应当自收到终结执行法律文书之日起六十日内提出；未收到法律文书的，应当自知道或者应当知道人民法院终结执行之日起六十日内提出。批复发布前终结执行的，自批复发布之日起六十日内提出。超出该期限提出执行异议的，人民法院不予受理”，也对操作层面执行异议申请和受理的扯皮现象起到一锤定音的作用。

（二）“意见”填补空白、引领实践

从语义上，“意见”是上级领导机关对下级机关部署工作，指导下级机关工作活动的原则、步骤和方法的一种文体。意见类执行规范包括“意见”“指导意见”“若干意见”“处理意见”，该类文本一般以“法发”形式公布，如《最高人民法院关于执行权合理配置和科学运行的若干意见》（法发〔2011〕15号）、《最高人民法院关于执行案件移送破产审查若干问题的指导意见》（法发〔2017〕2号）。也存在以“法”字号对外公布的意见，如《最高人民法院关于依法制裁规避执行行为的若干意见》（法〔2011〕195号）。意见的指导性很强，既有针对当时带有普遍性的问题，也有针对局部性的问题而发布的，意见类执行规范往往在特定的时间内发生效力，一般带有较为浓厚的主观愿望和色彩，如果最终落到实处，需要下级法院结合实际情况遵照执行。意见类执行规范在执行立法滞后的背景下，往往具有很强的超前性和创新性。比如，《关于依法制裁规避执行行为的若干意见》（法〔2011〕195号）为解决债务人规避执行造成的执行难问题，提出了系列创新性原则，如有充分证据证明被执行人通过离婚析产、不依法清算、改制重组、关联交易、财产混同等方式恶意转移财产规避执行的，执行法院可以通过依法变更追加被执行人或者告知申请执行人通过诉讼程序追回被转移的财产。

（三）“规定”“办法”侧重管理执行内部考核

司法解释多以“规定”命名，但在时间紧迫，制定司法解释条件和时机尚不成熟的情况下，先以批复性规范的形式出笼的文件，也不在少数，如《最高人民法院关于执行款物管理工作的规定（试行）》（法发〔2006〕11号）、《最高人民法院关于严格规范终结本次执行程序的规定（试行）》（法〔2016〕373号）等，都是执行法官日常作业遵照执行的管理性规范，也作为考核法官绩效的基本参照指标。而以管理办法和实施办法为表现形式的批复性规范的文件数量较少，且基本涉及执行信息化建设、案卷归档等法院内部管理事项，如执行文书立卷归档办法、执行案件信息管理系统运行管理办法、关于建立和管理网络服务提供者名单库办法等，均侧重管理执行事项内部。

（四）“通知”细化操作专项突破

“通知”往往以“明传”方式下发到各省、自治区、直辖市和兵团法院，紧急性和专项性特征明显的“通知”也有就实践中某一方面亟待解决的问题需要在法院与其他单位之间协调，联合颁布或者单独颁布，有利于统一实践操作，从而分清责任，提高效率。在最高人民法院颁布的规范性文件中，这类“通知”使用较为广泛，如《关于办理行政机关申请强制执行案件有关问题的通知》《最高人民法院关于强制执行中不应将企业党组织的党费作为企业财产予以冻结或划拨的通知》（法〔2005〕209号）。具有代表性意义的是最高人民法院办公厅发布的“法办〔2014〕62号”文件。由于当时执行法院对于被执行人和案外人提出的书面异议没有明确统一的受理程序，长时间得不到实质处理，社会反应较为强烈，《关于切实保障执行当事人及案外人异议权的通知》的下发有利于保障执行主体的程序性权利。

（五）“答复”指导个案、辐射类案

答复函包括答复、复函、函等指导性文件，文号也比较多样化，

“执他字号”“经他字号”“法复字号”“法办字号”均曾经在规范性文件中使用，如《最高人民法院执行办公室关于已执行完毕的案件被执行人又恢复到执行前的状况应如何处理问题的复函》（执他字〔2000〕第34号）、《关于申请执行人在法定期限内向法院申请执行主债务人但未申请执行附有连带责任的担保人，在法定申请期限届满后，法院是否可以依申请人的申请强制执行连带责任人的请示的答复》《最高人民法院关于处理案外人异议问题的函》《关于被执行人已支付第三人款项后，可否执行第三人的相应的财产的函》。答复函因与具体案件相关联，也可由申诉申请人以请求执行监督的方式启动，因此数量最多，约占220部批复性执行规范样本的41%，这三类规范性文件典型代表是各地高级人民法院上报的执行请示类案件。下级法院对具体执行案件形成倾向性处理意见后，上报最高人民法院，或者就申诉申请人对高级人民法院的处理结果不服，申请最高人民法院对该案执行监督，最高人民法院经过公开听证后以裁定或者转办函的方式给予高级人民法院的复函、函或答复。

（六）“解答”理论探讨助力创新

尽管大量“批复性执行规范”不断出台、修改和更新，但面对日新月异的执行实践，执行空白和模糊地带依然大量存在。最高人民法院执行局也曾尝试在其内部刊物《执行工作指导》中给出具体解决办法，即针对各级法院提出的执行疑难问题，以解答的形式给实际办案法官提供操作指南。例如，“解答”曾一度认为空壳公司逃债，如不能提供财务会计账册交由法院审计，执行法院可以直接裁定追加公司股东为被执行人。这样的创新性指导，实际上是一种观点上的争鸣，无法作为规范适用。

四 “批复性执行规范”的实际效应

毋庸讳言，执行指导性文件的制定与实施，解决了执行领域迫在眉睫的问题，但仍不能忽视规范适用显现的负向效应。文本长期未能系统整合，导致“批复性执行规范”的出台和适用逐渐发生异化，不断偏离其制定的本来目的，不能不引起实务界和理论界的高度重视。

（一）执行规范载体稀缺与封闭

在批复性执行规范文件中，除法释文号的批复以及最高人民法院与其他部委共同颁布的联合通知及少数关键性指导意见外，绝大多数的规范性文件都是在法院系统内部施行，并没有通过专门的途径向社会公布。事实上，规范文本公开性、透明性和获取便利性的缺乏，不仅引发当事人对执行程序和执行行为公正性、妥当性的质疑，亦会因对规范文本的误读而引发执行异议程序、信访申诉制度的空转。

（二）执行规范内容矛盾与冲突

迄今为止，与执行有关的指导性文件始终未经系统有机梳理和编纂，经过一定时空沉淀，“规范累积”效应爆发，随着经济社会发展和司法政策的不断演进，执行规范内在矛盾和重叠现象日益突出。

1. 碎片化思维对规范系统性的瓦解

执行工作内容的庞杂性和交叉性，相当数量调整执行领域的规范性文件，是由非执行部门的庭室调研和拟定，审判与执行的长久隔阂与衔接上的疏离，往往导致立法思维的碎片化和孤立化，如最高法民他〔2017〕27号答复，即为民事审判部门针对重庆市高级人民法院《关于破产申请受理前已经划扣到执行法院账户尚未支付给申请执行人的款项是否属于债务人财产及执行法院收到破产管理人中止执行告知函后应否中止执行问题的请示》（渝民他〔2017〕12号），就一起典型的请示案件所设立的关涉当事人利益的重大责任财产权属确立了判断规则。此类规则未能充分考虑可能诱发的执行实务操作中承办法官和当事人的道德风险，在具体案件的适用过程中将会产生更多预想不到的弊端。

2. 调整失灵对规范稳定性的破坏

无论法律、司法解释还是指导性文件，如果其起草与制定未经实事求是的调研论证，那么，很可能会与真实的司法需求产生龃龉，而立法者一旦发现规范失灵，便会再次试图制定规范性文件对上一个文件加以纠正，导致出现多个相同或相似的规范同时发挥作用的局面。比较典型的如关于调整委托执行行为的指导性文件，每个规范性文件并没有对之前规范进行彻底替换，由此产生不稳定性效应。执行程序实行的是审批体制，频繁的规则变换对审批制度造成冲击，影响了具体操作层面的效率，同时产生规则剧变的期待性后果，间接导致委托执行制度的失控。委托执行效果不理想，缺乏合理设计和跟踪管理，最后不得不以建立信息化事项委托的方式间接废弃委托执行制度的实际采用。

3. 价值取向冲突对权利保护的失衡

在统一执行管理的观念指引下，从强化管理树立执行权威的固有思路出发，执行规范受司法政策的影响巨大，常常导致相同性质的执行规范价值取向发生冲突与失衡，如公平性执行规范的不断添加形成了对执行效率价值的围攻与削弱。从对被执行人的角度看，一方面要求突出执行工作的强制性，加大执行措施的强度和力度；另一方面强调保护产权、树立善意执行理念，造成实际运用执行权的实施人员很难拿捏其中分寸与尺度。

（三）执行法官自由裁量权的约束困境

首先，批复性执行规范指向空间广阔，原则性强而自身可操作性弱，需要最高人民法院再次制定细化规范文件加以落实。与此同时，执行规范性文件的外延有时非常宽泛，导引性、宣示性规范占据主流，如何进一步落实到具体的案件办理过程中，需要高级人民法院甚至中级人民法院结合本辖区情况制定实施意见。最高人民法院在制定该规范后，在收到反馈意见后，再次制定相关意见予以修正落实的也不在少数。其次，适用范围不明确。与纯粹性司法解释不同的是，执行规范性文件适用哪些执行法律关系和执行主体，客体范围之宽狭，难于精准把握。比如，在反规避执行意见颁布后，对于变更追加执行主体方面，有的执行法院以债务人与案外人串通规避执行为由，将非存在法定事由的案外人追加为被执行人。

在执行裁决和实施方面，批复性执行规范将程序选择权和实体判断权概括地交给了执行法官，法律赋予当事人的参与机会极少，这种过度依赖缺乏必要的法律约束。自由裁量的理性标准和价值导向缺失。自由裁量权的行使，不能毫无限制，应该存在理性的准则和裁量意志的价值导向，这就要求我们对合理性标准进行具体构建和阐释。在审理阶段，各级法院以会议纪要等形式统一各种具体类型案件的处理，确定了法官行使自由裁量权时大致应考量的因素。而在执行中，仅能发现有模糊的价值导向，即效率与公正，但对于在实施或裁决中何种价值更为优先，执行政策似乎一直未有明确的态度，法官自由裁量时在价值衡量上容易迷失了方向。实施法官选择和裁决法官判断时，往往无法找到合适的价值导向、原则和理性标准。

（四）执行裁判结果法律依据的形骸化

执行裁判结果与真实法律依据之间逻辑关系断裂，在审执分离改革背景下，执行裁判的地位越来越重要，如在执行异议裁定和执行异议之诉的判决中，对法律适用基本上排除了执行规范性文件的可能性，但裁判结论的逻辑生成却能够在执行规范中找到根源。这就发生了表面适用的法律与法官心中认可的规范的二元性。比如，对代持股权和挂靠名义财产能否执行的判断，裁判理由和适用法律部分一般引用《民事诉讼法》中的高度概括性条款，对实际参照的指导性文件或意见却不予援引，也没有在裁判理由中阐述。

五　从需求出发：以问题为核心的“效果矫正”

当法院发动所有司法资源遏制虚假诉讼与规避执行行为之时①，殊不知正是我们偏颇的规范设定和孤立的制度建构为一切非理性行为提供了肥料充足的土壤。脱离问题导向的“规则构想”同没有规则一样是对执行公正与效率价值的伤害。以案外人异议和诉讼期间停止对执行标的处分为例，现有规则不仅无形中摧毁了执行债务人脆弱的诚信意识，也为债权人开辟了高成本实现债权的荆棘之路。

① 参见《最高人民法院关于防范和制裁虚假诉讼的指导意见》（法发〔2016〕13号）相关内容。

如果真正发挥执行规范的积极效果，那么，只有从执行工作的实际需求出发，以问题为核心，进行彻底的规范矫正与制度优化。

（一）构建科学化的执行规范体系

无论执行司法解释还是指导性文件，只有进行系统梳理并加以编纂，才能废除过时规定，消除规范之间的矛盾冲突，填补规则漏洞，确保各项执行规则清晰，运行顺畅，促成各项制度相互衔接、相互配合，形成科学化规范体系。对尚有空白点的领域尽可能通过司法解释予以规范，逐渐减少规范性文件的出台和适用，增强不同执行规范之间的协调性、相互适应性和适度前瞻性。建立一体化执行裁决的程序准则以及涉执行诉讼实体判断规则，合理运用与规制执行程序中的法官自由裁量权，解决好执行领域的同案同裁、同案同执问题，重视和强化裁决依据的可获取性和执行裁决的说理性与公开性。

（二）打造民主化的权利义务制度群

科学化的执行规范必须调动所有程序参与者的积极性，要实现执行规范从监督管理的固有模式向服务和激励法官和当事人的理念转换，不仅充分反映绝大多数执行法官和当事人的实际需求，也要赋予当事人尽可能多的程序参与权与事项决定权①，增强执行主体的民主意识和责任意识。在此基础上，打造民主化的权利义务制度群，实现执行权力和当事人权利义务的合理分配，对执行程序进行高效化的设计，避免各方主体利用合法程序进行损害实体权利的非合作性博弈。

① 执行财产调查过程中，律师持令调查已经在实际工作层面广泛开展，但司法解释却未能正视和回应实践的这一需求。

（三）出台一部强大的强制执行法

最高司法机关制定执行司法解释抑或发布指导性文件，皆为强制执行法出台前的权宜之策，那些为解决燃眉之急所累积起来的执行规范，仍然无法替代一部功能强大、体系科学的强制执行法，理论研究、实践经验和执行力量也已经给我们提供了越来越充分的支持，应以推进审执分离体制改革为契机，将强制执行法的制定提上立法机关日程。唯其如此，才能真正完成“批复性执行规范”肩负的沉重使命，开启中国强制执行领域全新的美好愿景。

破产制度的运行实践与完善路径

——以构建破产案件快审机制为视角

岳燕妮　王　芳*

摘　要： 随着我国市场主体准入门槛的不断降低，准入程序亦一简再简，中小微企业新设数量逐年递增，因经营不善或市场起伏引发的企业资不抵债情形普遍发生，并被视为正常的商业风险。我国现行《企业破产法》虽运行十年但在程序设置方面仍不完备，对应保障企业快速、有序退出市场的相关机制尚未完全建立。随着“僵尸企业”处置、“执行案件移送破产审查”等多项司法政策的出台，新一轮破产审判的发展高潮已经掀起，陆续将有大量破产案件进入程序，从而对破产案件的快速审理机制提出了更为迫切的现实需求。本文根据我国部分地方法院的司法实践经验，借鉴域外成熟的破产制度，对构建破产案件快审机制的相关实践问题进行分析，力图绘制一幅简易破产案件的快审机制图。

关键词： 简易破产案件　快审机制　“僵尸”企业

* 岳燕妮，深圳市中级人民法院公司清算和破产审判庭副庭长；王芳，深圳市中级人民法院公司清算和破产审判庭法官。

随着市场经济体制改革的深入发展，建立完善的市场退出机制已经逐渐上升到国家战略层面。党的十八届三中全会通过的《关于全面深化改革若干重大问题的决定》指出，要“健全优胜劣汰市场化退出机制，完善企业破产制度”。在2016年杭州G20峰会上，中美达成建立和完善公正的破产制度和机制的重要共识。在司法领域，最高人民法院《关于正确审理企业破产案件　为维护市场经济秩序提供司法保障若干问题的意见》和《关于人民法院为企业兼并重组提供司法保障的指导意见》对改进企业破产程序、完善市场退出机制等问题提出了明确要求，《企业破产法》受到了前所未有的重视。与此同时，企业破产案件的司法审判工作也正在面临前所未有的挑战：传统理念的桎梏、破产程序的复杂性、审理耗时长均是导致大量企业家宁肯跑路令企业“僵尸化”也不愿申请破产的重要原因，更是大部分债权人即使明知债务人资不抵债，仍不愿提起破产清算申请的重要理由。据统计，目前我国商事主体有9300万户[①]，其中小微企业数量约为7300万户[②]，占商事主体的78%，但企业存活期仅为3.7年[③]。2016年以来，全国有近30%的小微企业倒闭，也就是说每年有百万数量级的小微企业倒闭。虽然全国法院每年受理的破产案件的数量及增量与该数字不能匹配，但是从目前全国法院大力推进破产审判和执转破工作的趋势来看，未来将会有大量的小微企业进入破

① 参见《商事制度改革成效研究报告》，2017年9月11日，http：//www.saic.gov.cn/sj/fxbg/201709/t20170911_ 269037.html，最后访问日期：2018年3月1日。

② 参见《中国小微企业数量已超7300万　增强竞争力需多方共同努力》，2017年9月2日，http：//news.163.com/17/0902/17/CTBISMB100018AOQ.html，最后访问日期：2018年3月1日。

③ 参见《小微企业存活率仅3.7年　国家知识产权局出台意见帮扶》，2014年10月10日，http：//ip.people.com.cn/n/2014/1010/c136655-25806057.html，最后访问日期：2018年3月1日。

产清算程序。此外，从浙江省高级人民法院披露的数据[①]以及深圳市中级人民法院[②] 2015～2017 年统计的数字来看，在法院受理的破产案件中，小微企业的破产案件已占据了 70%以上。

根据现行的《企业破产法》及配套司法解释，即使对于这类无产可破或者破产企业财产明显不足以清偿破产费用的案件，并无对应的快速退出机制，导致大量的破产企业规模小、债权债务关系简单、破产企业资产为零或不足以支付清算费用的案件，仍然挤占了大量司法资源和破产行业资源。考虑到破产企业的规模、债权债务关系、持续经营的状况、资不抵债的程度等多种因素，有必要对破产案件进行繁简分流，使得债权债务关系简单、财产形式单一的中小微企业能够通过简易程序快速退出市场；相对复杂的案件则有较多的司法资源可用，通过普通程序完成破产清算。本文拟结合破产审判实践，参考域外相关立法模式，对构建以破产案件简易程序为主要形式的破产快审机制进行分析和论证。

一　破产案件快审机制是建立法治化市场退出机制的现实需求

（一）破产清算机制是市场主体有序退出市场的重要制度

健康成熟的市场经济体系应当是双向开放、有进有退的，通过市场的调整确保主体的法治化退出，是市场永葆活力的必然要求。正如

① 参见《浙江破产企业中小微占九成　部分企业主为躲债“跑路”》，2013 年 5 月 6 日，http：//zjnews. zjol. com. cn/05zjnews/system/2013/05/06/019322212. shtml，最后访问日期：2018 年 3 月 1 日。

② 根据深圳市中级人民法院统计，2015～2017 年审结的破产清算案件共 209 件，其中无产可破的案件数达 69%。

诺斯与其合作者在《西方世界的兴起》一书中提出的观点："有效率的经济组织是经济增长的关键"，及时淘汰不适应市场的主体并令其尽快退出，是保证市场效率、提升市场质量的关键。我国商事制度一直实行"宽进严出"的政策，出台的约束市场主体的法律法规绝大部分都是针对市场准入、市场交易和市场竞争的，而市场退出只散见于一些法规、规章及解释当中，且相互冲突，规定不全。实践中，企业的主动退出程序非常繁杂，一般要经过清算、公告、完税、注销账户等，使企业大多已没有申请准入时的激情，往往不辞而别，等待吊销①。但是吊销并非法律意义上的市场退出，而仅仅是丧失了经营资格，其民事法律主体地位并未丧失。据统计，2016年，全国共吊销企业41.1万户②，这部分被吊销的商事主体，是健康市场经济的"腐肉"，不及时清除，直接影响市场经济各项指标的准确性和有效性。对于这部分不愿主动提起注销程序的商事主体，不具有企业法人资格的，应根据其性质通过行政监管的手段强制其退出市场；具有企业法人资格的，应通过充分利用破产清算这一法定手段，及时退出市场。

（二）破产清算制度应提供与市场主体复杂性相适应的程序制度

在当前市场经济情况下，企业法人因其股权性质、所属行业、地域范围等因素的不同，导致企业法人在债权债务关系、经营规模等方面存在多种差异，一旦进入破产程序，对于破产审判资源的要求也不尽相同。例如，同为对生产型企业启动的破产清算，在各地

---

① 参见宋玉池《论市场主体退出机制的建构与完善》，载《中国工商管理研究》2006年第7期。

② 参见《工商总局向媒体介绍2016年全国市场主体发展等相关情况》，2017年1月20日，http：//www.gov.cn/xinwen/2017-01/20/content_5161619.htm#1，最后访问日期：2018年3月1日。

设有分支机构的全国性公司的工作量就比营业地仅在某个城市的地方性企业的工作量大很多。再如，同样为对全国范围的企业法人启动破产清算的案件，物流公司的债权债务关系就比投资咨询公司的债权债务关系复杂很多。从经济效益上讲，对于规模较大、财产较多、债权债务关系复杂的企业，启动破产清算程序，是为了尽快厘清债权债务关系，并令全体债权人公平受偿，从而保护全体债权人的利益；而对于无产可破或资产不足以支付清算费用、债权债务关系简单的企业，对其启动破产清算程序，则更多是为了将这类企业快速清退出市场，并明确相关责任人的公司责任。因此，从法律价值取向和制度的完整性来看，完善的破产清算制度应当提供繁简不同的程序供不同情况的企业退出市场。

（三）破产快审机制是完善破产审判机制的现实选择

2016 年，为使符合破产条件的案件能够顺畅进入司法程序，最高人民法院大力加强体制机制建设，着力从诉讼流程上清理破产案件启动的障碍。2016 年 7 月 28 日，最高人民法院下发了《关于破产案件立案受理有关问题的通知》，明确对于债权人、债务人等法定主体提出的破产申请材料，立案部门应一律接收，经审查认为符合法律规定的，应登记立案。2016 年 12 月 17 日，最高人民法院召开全国法院执转破工作视频会议，大力推进执转破工作，打通执行不能与破产立案的“最后一公里”。同时，2015 年颁布的《民事诉讼法》解释取消了对企业法人适用执行“参与分配”制度的新规定逐渐为社会大众所认可和接受，越来越多的轮候查封执行案件的债权人选择申请破产来实现债权。上述多个因素已经成为破产案件量逐步增加的主要原因。最高人民法院公布的数据显示，2016 年，全国法院共受理企业破产案件5665件，比2015年上升53.8%。如上文所述，这些破产案件中大部分是小微企业的破产清算案件。在破产案件量激增的情况下，如继续沿用一般的破产程序办理所有类别的企业破产案件，则势必使本已长期存在的人案矛盾更加激化，降低破产审判效率。在破产审判资源有限的情况下，尽量适用简便、快捷的程序实现大量无产可破或债权债务关系简单的企业退出市场，是提升破产审判质效的必然选择，也是优化破产审判资源的当务之急。

二　破产案件快审机制之破产简易程序的域内外实践

（一）域外破产简易程序的立法及具体适用

由于破产案件具有繁简两面属性，以及简易程序的制度价值使然，破产简易程序早已为大陆法系和英美法系两大法系国家所接受，并且被广泛运用于破产案件审判的司法实践。德国1994年破产法的第九部分即消费者破产程序及其他小额程序的第三章专门规定破产简易程序①。瑞士的《瑞士联邦债务执行与破产法》（1994年12月16日修订）第七章破产程序规定了破产简易程序②。日本破产法第二编程序规定的第十一章专门规定了小破产，即破产简易程序③。在英美法系国家，如英国破产法、美国破产法，亦均有小额破产适用破产简易程序的规定。

经对比发现，各国破产立法对破产简易程序的适用范围有不同

① 参见刘汉富译《德国破产法》，载王保树主编《商事法论集》第5卷，法律出版社，2000，第621~622页。

② 参见刘汉富译《瑞士联邦债务执行与破产法》，载王保树主编《商事法论集》第5卷，法律出版社，2000，第506~507页。

③ 参见王书江《日本商法典》，殷建平译，中国法制出版社，2000，第350~351页。

的规定，主要有以下三种。①以破产财产数额大小为标准来确定是否适用简易程序。日本破产法规定，“认定属于破产财团的财产额不满 100 万日元时”，法院应作出小额破产裁定，即适用简易程序①。②以无担保的债务总额为标准来确定是否适用简易程序。英国 1986 年破产法规定债务人无担保责任总额低于两万英镑的适用比较简单的费用低的破产简易程序。③以混合标准为依据来确定是否适用简易程序。德国破产法规定，“债务人财产状况简单明了，债权人不多或者债务金额微小的，可适用破产简易程序”②。

综上，无论是大陆法系国家还是英美法系国家，普遍设立了破产简易程序，各有优劣，但均对破产制度的完善起到了重要作用。域外先进的立法经验必将推动我国破产案件简化审理的制度设计和司法实践，立法者应从具体国情出发加以选择借鉴，从而完善本国破产审判制度。

（二）国内法院破产简易程序综述：以深圳中院及温州中院实践为例

1. 深圳中院实践

（1）简易程序的适用范围

根据 2015 年 2 月 5 日深圳市中级人民法院审判委员会民事行政执行专业委员会第 1 次会议通过的《深圳市中级人民法院破产案件审理规程》（以下简称《深圳中院规程》）第七章简易程序第 77 条之规定，深圳中院审理破产案件适用简易程序的条件有：①债务人不属于国有企业，且财产价值总额不超过 100 万元的；②债务人的主要财产、账册、重要文件等灭失，或者债务人下落不明，未发现

① 参见《日本破产法》第 358 条第 1 项、第 359 条第 1 项。

② 参见《德国破产法》第 312 条第 2 项。

存在巨额财产下落不明情形的；③债权债务关系简单，不存在重大维稳隐患的。

（2）简易程序的流程

深圳中院设计了简易程序流程（见图1）。

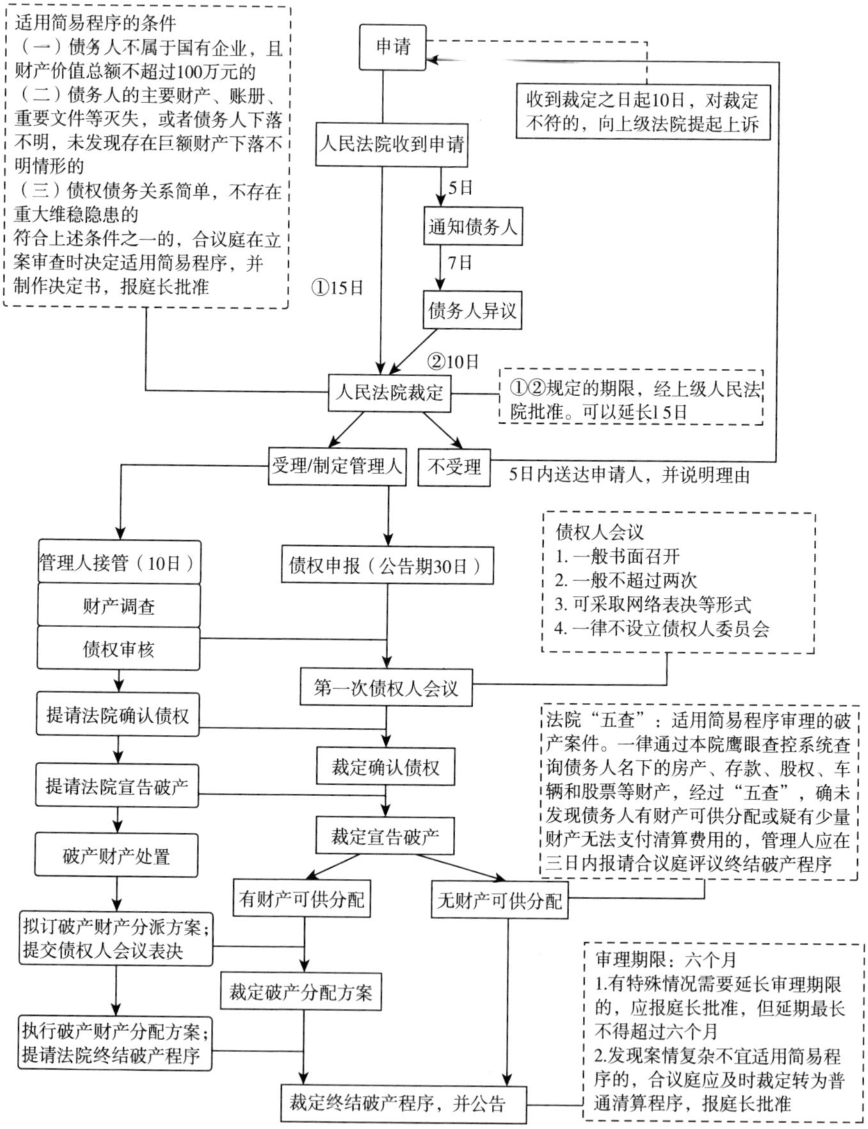

图1　深圳中院破产案件简易程序流程

深圳中院在听证、破产告知、债权人会议、债权审查认定、财产清查、程序终结等环节实行标准化作业、格式化处理。对比《企业破产法》第45条，《深圳中院规程》第79条规定的“适用简易程序审理的破产案件，债权申报期限为三十日，自本院发布受理破产公告之日起计算”，极大地缩短了债权申报时限；在送达相关文书方面，《深圳中院规程》第80条允许采用传真、电子邮件等简便方式，既节约成本又节省时间。在审理期限要求上，《深圳中院规程》作出了“适用简易程序审理破产案件应于立案之日起六个月内审结”的规定。

深圳中院破产简易程序与破产一般程序的主要差异见表1。

表1　深圳中院破产简易程序与破产一般程序的差异

事　项	破产一般程序	破产简易程序
通知已知债权人	受理日起二十五日内	受理日起十日内
债权申报期限	公告日起三个月内（不少于三十日）	公告日起三十日内
第一次债权人会议召开时限	债权申报届满日起十五日内	债权申报届满日起十五日内
债权人会议表决方式	现场表决	以书面表决为原则；条件允许，可采取网络表决
债权人会议表决次数	未规定	不超过两次
宣告破产审查时限	未规定	经过“五查”三日内
送达方式	参照民事诉讼普通程序	采用传真、电子邮件等简便方式，但民事裁定书除外
终结裁定期限	申请日起十五日内	申请日起十五日内
破产案件审限	未规定	六个月

自简易程序适用以来，一批僵尸企业得以快速进入破产程序，并在降低破产成本、提升破产效率等方面颇有成效。2014 年至 2016 年，深圳中院依照简易程序审理破产案件 157 件，审结 84 件，平均结案周期约 200 天。2017 年 1 月至 9 月，依照简易程序审理破产案件 86 件，审结 31 件，平均结案周期为 101 天。

2. 温州中院实践

温州中院出台了《关于试行简化破产案件审理程序的会议纪要》，搭建了温州中院的破产简易程序框架。其主要内容如下。

（1）确立简易破产程序适用范围

采用混合标准，规定事实清楚、债权债务关系明确、争议不大且同时具备下列情形之一的破产案件，可以试行简化审理程序：a. 债务人资产和债权人人数均较少的；b. 破产财产可能不足以支付全部破产费用的；c. 申请人、被申请人及其他主要破产参与人协商一致同意采用简化审理程序的；d. 债务人与全体债权人就债权债务的处理自行达成协议的；e. 其他适宜试行简化审理程序的情形。同时，还以负面清单形式规定了排除适用的标准，将有重大维稳隐患的破产案件、裁定破产重整的破产案件、企业不宜简化审理程序的破产案件，排除在试行简化程序范围之外，以保证公平与效率原则的平衡。

（2）简化程序中的公告

由于公告耗时、耗费的特点，温州中院对破产程序中的公告事项进行了削减，即除破产受理、指定管理人、宣告破产等对当事人实体权利较大影响的事项之外，可不予进行公告；对于可以合并公告的事项，应当合并公告。

（3）限制债权人会议的规模和召开次数

合并债权调查日期与第一次债权人会议的日期，并引导债权人会议作出不设立债权人委员会的决议。同时，为保护中小债权人及异地债权人的合法权益，采取建议申报的方式，如采取债权人会议同步的网络表决方式，或统一通过邮寄、发送电子邮件等便利方式进行表决。

三　破产案件快审机制的设计

（一）建立案件快审机制应注意的几个重要问题

综观各地法院适用简易程序的实践，虽然各地在文书简并、简化公告形式、简化债权人会议的形式、规模和次数、限制管理人工作期限、沿用执行程序成果等方面基本达成共识，但总体而言仍是破产程序固有体系下的微调，没有实现质的突破，且未充分体现简易程序的“轻”（为法官和管理人减负）、“快”（周期短）、“省”（成本低）优势。在建立以简易程序为主体的案件快审机制过程中，应着重考虑以下几个重要问题。

1. 充分利用信息化成果提升效率和效果

信息化是当今世界发展的大趋势。近年来，在最高人民法院的推动下，全国法院信息化建设突飞猛进，推动建成法院司法查控网络平台、诉讼资产处置平台、裁判文书公开平台、司法信息公开平台等多项信息化“成果”。这些成果的应用对法院工作不仅仅是提升效率、提高透明度，还深刻改变着审判、执行方式。因此，在进行快审机制的设计时，不能仅仅考虑法律层面的流程问题，更应将信息化手段作为一项重要因素予以考量。例如，在立案审查过程中引入对债务人财产的网络查询功能，提高对案件情况判断的准确率。再如，大力推动破产财产网络拍卖，提高破产财产变现的效率和透明度。又如，设置执行与破产案件信息内网共享机制，破产案件立案后，系统自动生成中止执行文书，有针对性地发送给执行法院，减少执行与破产“抢财产”的情况出现。

2. 优化法官与管理人的权责范围

《企业破产法》明确规定了破产清算程序中法官与管理人的权责界限。根据法律规定，人民法院依法决定管理人名册制定、管理人的指定、选任、更换、辞职、聘用以及确定报酬，此外，管理人依法履职过程中，应向法院报告工作，在第一次债权人会议召开之前，管理人实施的重大处分行为应经法院许可。据此普遍认为，在管理人职责履行与法院的关系上，法院在破产程序中居于主导地位，负责掌控破产程序的进程并对相关事项作出裁决，管理人则依法独立对债务人财产和营业行使全面的管理权并负具体责任①。《企业破产法》制定至今已有十年，无论是人民法院的司法能力还是破产管理人的履职能力都发生了天翻地覆的变化。快审机制建立的宗旨是实现不良市场主体尽快出清，因此在涉及快审机制时，应当充分考虑和利用现有司法资源和管理人工作资源，设置更合理的工作流程。例如，突破财产调查主要由管理人负责的责任界限，考虑将司法查控网的查询数据向破产清算的个案开放，建立“司法查询+管理人调查”的破产财产双调查模式。

3. 理顺执行程序与破产程序衔接机制

据对深圳中院案件的不完全统计，80%以上进入破产程序的案件都涉及执行程序。如果能够充分利用执行程序已有工作成果，如沿用财产评估报告、沿用拍卖结果等，对于实现财产快速变现，缩

① 参见郁琳《破产程序中管理人职责履行的强化与监督完善——以管理人的法律地位和制度架构为视角》，《法律适用》2017年第15期。

短破产清算案件特别是执转破案件的办理周期具有实际意义。例如，轮候查封执行法院决定执转破并进入立案审查阶段后，首封执行法院已经启动了对债务人财产的拍卖程序，此时如果严格依照破产法规定，首封法院应立即停止拍卖，待破产法院决定受理后，将财产移交管理人。但如赋予破产法院的法官决定权，即根据案件审查情况决定是否同意首封执行法院继续拍卖并保留拍卖款的权利，则可大大提升破产案件的审查效率。

（二）建立适用破产简易程序的案件识别机制

按照目前国内外的实践情况，将破产案件依照债务人财产情况、债权债务繁简情况等综合判断案件是否适用简易程序进行快速审查，已经基本达成共识。但实践中，何时（when）以及如何（how）作出适用简易程序的判断十分重要，关系到案件适用程序的准确率，从而可能影响当事人的切身利益，故应当设置一个快审机制的案件识别机制，在明确简易程序适用条件的基础上，进一步明确判断案件进行程序识别的时间节点、识别的程序等，有利于提高案件审查效率。

1. 适用破产简易程序快速审查的案件范围

根据国内外探索的实践，可以适用简易程序审查的案件范围主要考虑以下条件。

第一，债务人无财产，或虽有财产，但财产形式为现金或经合法登记可上市流通的商品房的。实践表明，目前导致破产案件审理周期长的最大因素就是资产处置周期长。例如，绍兴市中级人民法院以 2012 年至 2016 年 5 月绍兴市柯桥区人民法院审结的破产清算案件为样本的专题调研显示，就已结的案件情况看，扣除债权申报、审计、评估期间，一个破产案件用于资产处置的时间平均为498.25天。因此，案件的快审机制首先应考虑债务人的财产是否方便处置。现金是最易处置的财产这一点自不必赘述。对于经过合法登记可在市场上流通的商品房，考虑到目前互联网的高度普及、活跃存在的房地产中介市场以及在线网络拍卖处置资产等情况，适用简易程序的破产案件，可以参考同期同类房屋的市场价值确定起拍价，再交由网络在线处置资产的机构处置商品房，粗略估计财产处置周期为1.5个月，如出现流拍的情况，财产处置周期才最多可延长至4个月。

第二，债权债务关系简单，已知债权人不超过一定数额的。判断债权债务关系简单，主要通过两项指标。第一，无已知的未决诉讼。但凡需要通过衍生诉讼来确认的债权债务关系，均可能存在不确定的债权债务关系，破产程序的时间也会相应拉长，故不建议涉及未决诉讼的案件纳入简易程序。第二，多数债权均为生效裁判文书确定之债权。生效文书确定之债权是已决债权，已经诉讼、仲裁等争议解决程序，管理人对这类债权的审核工作相对简单，衍生诉讼产生的可能性较小，所消耗的时间成本较少。

第三，债务人下落不明，或债务人已停业且不能提供主要财产、账册、重要文件的。对于已经停止经营，在实际上处于“破产”状态的企业，令其进入破产清算程序的主要目的，是实现市场主体的快速清除，使“不良”状态的市场主体彻底退出市场。实践中，无论是因债务人下落不明或是虽处于随时联络的状态，但其已经停业多时，且不能主动提供财务账册、重要文件等，致使破产管理人无法接管企业财务账册等重要文件的，均是破产清算制度所要尽快清理退出市场的对象。由于相关文件资料未能接管，管理人也无须再进行针对财务账册清算审计等费用高昂、耗时又长的工作。

对于法律关系疑难复杂或涉及信访等需要协调解决等情形的破产案件，不应适用简易程序。具体包括：①债务人的职工未能妥善安置并遣散，职工安置是需要司法与行政机关密切配合、合力解决的工作，其中所需要的时间成本、社会成本无法预估，不符合快速退出市场的要求，不应适用简易程序；②债务人涉及未决诉讼，无法在短期内审查终结的；③涉及破产与刑事交叉的案件，破产清算程序的审查核心是债务人的财产查明、处置和分配，债务人财产状况明确是适用简易程序的基础。如破产案件涉及刑事犯罪，则可能涉及破产程序与刑事程序的协调衔接问题，需要消耗一定的时间和诉讼成本，故不应适用简易程序审理。

2. 破产简易程序的案件识别（前置程序）

一般来说，破产案件正式受理时，法院即直接作出是否适用简易程序的决定。此前，人民法院通过立“破申字”案号对拟进入破产程序的债务人基本情况进行审查，其审查的手段主要通过以下手段：一是书面审查当事人提交的证据；二是听证调查，听取申请人与债务人的意见。但实践中，仅通过上述两种方式仍难以准确判断债务人的债权债务关系和财产状况，直接影响法官对适用程序的判断。从上文论述得知，破产案件繁简分流的主要标准是债权债务关系是否清晰、债务人财产是否明晰等指标。故适用破产简易程序审查的案件，立案审查过程中可考虑建立“书面审查+听证调查+依职权核查”三位一体案件识别机制。“依职权核查”主要包括如下两方面内容。第一，通过公开渠道查明已知债权人及债务金额。在破产立案审查过程中，通过人民法院司法公开信息网站，搜索查阅以债务人为当事人的诉讼案件、执行案件，可以基本掌握债务人的涉诉情况、债权数量和金额等重要信息，可作为判断是否适用简易程序审理该债务人破产案的重要依据。第二，通过内部司法查控系统查明债务人主要财产状况。近年来，全国法院司法查控信息化发展势头迅猛，一些地方的查控系统已经可以覆盖当事人的银行账户、股权、房产、车辆、有价证券[①]等商事主体的主要财产形式，逐渐成为查找特定主体财产的“利器”，在准确度、覆盖面等方面具有不可替代的优势。人民法院可在破产立案审查时，以“破申字”案号提起对债务人的财产调查，既可以在短期内掌握被执行人的主要财产情况，作为判断是否受理破产以及应适用何种程序的客观标准，也可以在案件受理后管理人清查财产时，作为一项重要财产清单指导管理人的财产调查工作。

依据上述“三位一体”的审查程序，法官综合各项数据，可以更为准确便捷地判断案件是否符合简易程序标准。

（三）建立1+N破产案件快审机制

案件快审机制不能与简易程序画等号，一套简易程序流程可以正常流转，必然是与其他配套机制共同作用的结果。因此，案件快审机制应是一套以简易程序流程为主体的1+N制度体系。

1. 以破产简易程序流程设计为主体

（1）期限及次数的缩减

《企业破产法》第45条规定，债权人申报债权的期限，自法院发布受理破产申请公告之日起计算，最短不得少于30日，最长不得超过3个月。由于该项规定为法律的硬性规定，债权申报期限最短为发布受理破产申请公告之日起30日内。但是对于适用简易程序的

① 如深圳中院建成的鹰眼查控网。

案件，往往债权人数量较少、债权审核工作量不大，故在简易程序中，可赋予管理人申请缩短期限的权限。也即管理人可根据债权申报的实际情况将上述期限缩短至15日或20日。为避免产生纠纷，可将债权申报期可能缩短的情况刊登在公告内。

另外，根据《企业破产法》第62条的规定，第一次债权人会议自债权申报期限届满之日起15日内召开。在债权相对简单的情况下，亦不需要15天的间隔，且债权人会议的有关材料在债权申报期内管理人可同时准备，故简易破产程序中可规定在5日内召开。

（2）送达及公告形式的简化

关于送达的规则，可参照《最高人民法院关于进一步加强民事送达工作的若干意见》（法发〔2017〕19号）的规定，适用短信、微信、电话录音、信息公众号等多种简便方式送达。关于公告的形式，传统是采用报纸公告，但在信息网络技术更为发达的今天，简易程序应采用“全国企业破产重整案件信息网+门户网站”的途径刊登公告。

（3）建立易贬值财产提前处置机制

对于季节性商品、鲜活易腐烂变质以及机器设备、电子产品等不宜长期保存的物品，管理人可以在宣告破产之前，根据实际情况报请人民法院同意，及时变现处置。

（4）赋予承办法官更大的决定权

参照法官责任制对审判法官的要求，适用简易程序审查的案件，除判决书、裁定书、决定书必须合议之外，其他法律文书皆可由承办法官自行决定并签发。如果承办法官认为有其他重大事项需要合议的，可提请合议。

（5）引入破产财产网络拍卖，简化财产变现流程

建立破产财产网络拍卖机制。由于破产财产的处置与司法拍卖有根本区别，应建立由破产管理人自行主导的破产网络拍卖机制。目前，深圳中院已经进行了有益探索，建立了由管理人主导、网拍辅助小组、网拍平台具体实施的破产财产网拍模式，该模式区别于以法院为主导的司法拍卖，实现了管理人自行处置资产的网络模式。

（6）执转破案件的特别程序

执转破的特别程序主要包含两方面内容：一是执行程序的结果的继受，即在破产清算程序中，沿用执行程序对被执行人财产处置的评估、拍卖结果；二是执行程序费用的分摊。《最高人民法院关于执行案件移送破产审查若干问题的指导意见》第 15 条规定，受移送法院裁定受理破产案件的，在此前的执行程序中产生的评估费、公告费、保管费等执行费用，可以参照破产费用的规定，从债务人财产中随时清偿。但是该项规定并未明确上述费用产生的时间限制。实践中，大量存在机器设备被查封两年多尚未启动拍卖程序、财产评估报告已过期且中介机构不愿延期等情况，如不限制费用产生时间，可能造成过多不合理费用在破产程序中随时清偿，加重债权人的负担。为此，建议建立破产程序有条件承担执行费用的机制。例如，规定执行法院作出执转破决定书之日为基准日，此前一年内发生的上述费用，可列为破产费用随时清偿。

2. 配套机制的建设

（1）管理人履职保障、激励机制及监管机制

建立与简易程序配套的管理人工作规程，并在规程设置上，通过设置工作期限、确定报酬比例、设置积分等级等方式，引导管理人迅速推进破产程序。同时，为提高公信力，为破产法官减负，应

探索由政府建立专门的破产管理人监管机构，行使类似于中国香港破产管理署、美国破产信托人计划等机构的职能，具体负责破产管理人名册的确定、年度考核、工作指导、违规惩戒等工作[①]。

（2）建立执行与破产信息共享机制

针对目前涉诉、涉执信息与破产信息缺乏共享渠道的问题，应由最高人民法院层面建立诉讼、执行与破产的信息共享机制。一是信息共享，如破产案件立案时，破产法官可在案件系统内看到与之相关联的全部执行案件，包括以债务人为被执行人的所有执行案件及财产调查结果信息，以及以债务人为申请执行人的所有执行案件。而执行法官的案件系统内则可自动显示该案被执行人被启动破产程序。二是信息传递，如破产法官可通过案件操作系统直接向已知执行案件法官自动发送中止执行通知书，执行法官也可通过案件系统直接向破产法官移交有关法律文件。三是信息支持，主要是执行信息系统对破产信息的支持。例如，破产法官可直接使用执行司法查控系统，对债务人的财产进行查询、控制和处置（如扣划存款）。

（3）建立信息化破产审判制度

建立信息化破产审判制度不仅是开发一套办案系统，而是根据现代化审判对破产审判能力提出的新要求，将现有的信息化技术成果应用到破产审判流程设置中，推动破产审判“质效”双提升，同时建立相应的管理制度（审判管理制度、档案保管制度、拍卖制度等等），从而保证信息化推动破产审判的成果能够在破产审判办案平台上得以体现。换言之，信息化破产审判制度应当是“结合信息技

---

① 从世界经验看，英国、美国、德国、俄罗斯和日本等国破产管理局主要具有 5 项功能：1. 追踪破产法实施，整理法律实施数据，为制定和实施决策提供依据；2. 负责破产法实施中操作规程的制定以及为立法的修改提供建议，不断提升立法水平；3. 追踪董事、监事和高管落实公司法规定的诚信义务情况；4. 作为公共管理人管理个人破产案件；5. 管理破产管理人。

术成果的审判流程设计+破产审判办案平台+配套工作制度”的三合一组合。符合现代破产审判要求的信息化制度，应当包含但不限于如下功能：实现案件时间节点自动提示、关联案件自动导入信息、格式文书自动生成、实现一键送达多份文书至多个当事人、电子案卷随案生成，实现法官与管理人、管理人与债权人、破产企业等主体的电子文件存档、全程留痕，等等。

结 语

伴随我国社会经济的快速发展及市场主体准入制度的放宽，我国现行破产立法明显滞后于社会的发展需要，为响应党的十八届三中全会精神及最高人民法院对完善企业破产制度提出的要求，主体优胜劣汰市场化退出机制亟待完善。破产案件快审机制的建立不仅将案件繁简分流，节省了宝贵的司法资源、优化司法配置，而且还缩短审理期限、减少当事人诉累，大幅度降低破产清算的成本。这对完善我国破产程序、满足司法实践对简单中小微企业破产案件的审理实际需要意义重大。鉴于我国已有部分法院特别是深圳中院对破产案件快审机制的探索和实践的成效显著，建议立法者能结合我国社会经济现状、在公正和效率均衡的基本原则下，充分借鉴地方法院之实践成果，并吸取国外先进且成熟的破产制度，尽快在立法或司法解释层面明确破产案件的快审机制，使我国的破产程序早日得到完善。

论我国互联网法律服务的现状与前景

朱乾乾*

摘　要： 近年来，我国互联网法律服务方兴未艾，传统的法律服务市场正在发生深刻的变革，一些传统律师事务所和新型的互联网企业正在借助互联网提供各式各样的法律服务产品。本文通过实证研究，描述了我国互联网法律服务的发展现状，包括互联网法律服务的服务主体组织形式、服务方式、服务内容、经营策略等内容，并分析了当前互联网法律服务中存在的问题，主要包括法律服务主体运营状态不佳、法律服务产品质量不高、互联网法律服务的形式与当前法律规定冲突等。最后，本文展望了未来互联网法律服务的前景，指出互联网法律服务将逐渐拓宽法律服务的领域，冗杂烦琐、建立在经验基础上的工作都将逐渐被计算机取代，法律从业者将更多地从事创造性的工作，法律服务行业将逐步走向以信息技术和法律职业者双重主导的时代。

* 中国政法大学法学院博士研究生。本文在写作过程中受到了冉井富教授的悉心指导和帮助，特此致谢。

关键词： 互联网法律服务　法律职业　在线法律服务

互联网技术在法律服务行业的应用，伴随着互联网的兴起就开始了，如最初的法律知识检索、法律服务类门户网站等。除了个别学者认为互联网技术将颠覆传统法律服务的格局之外，多数坚持认为法律服务因其专业性、复杂性、个性化等特点，互联网不会对这一行业造成根本性的改变①。近几年，随着大数据、云计算、人工智能技术的进步和应用，法律服务领域也掀起了一场如火如荼的“互联网+”法律创业热潮，诞生了许多互联网时代的法律服务产品，打破了以往人们对法律服务行业的认知。互联网法律服务作为一种新生事物，人们对它普遍缺乏了解。本文将借助各类资料，对互联网法律服务的特点、运营方式、经营策略、发展水平、发展趋势等问题，作深入系统的考察。

一　互联网法律服务的界定

互联网法律服务是相对于传统法律服务而言的，我们可以通过二者的对比，准确了解互联网法律服务的内涵和外延。

第一，服务主体的类型。传统的法律服务提供者是律师事务所，律师事务所是依据《律师法》在司法行政部门登记成立的，接受司法行政部门的监管。与此不同，互联网法律服务的主体一般是科技企业，在工商行政管理部门登记注册，由工商行政管理部门负责监管。

① 〔英〕理查德·萨斯坎德：《法律人的明天会怎样?》，何广越译，北京大学出版社，2015，第3~15页。

第二，服务内容。由于律师服务是特许经营，必须由律师提供，而律师必须任职于律师事务所。因此，互联网法律服务并不能以律师的名义提供法律服务。从实际情况来看，互联网法律服务所提供的服务，主要内容包括两个方面：一是为律师法律服务提供服务，如借助互联网进行律师宣传、业务推广、同行协作、检索案例、文书起草，等等；二是为需要法律服务的主体提供一些不是必须由律师提供的服务，如合同审查、法律咨询、案件预测、文书下载，等等。

第三，服务方式。相比传统形式的律师和律师事务所提供的法律服务，互联网法律服务提供的法律服务具有如下特点。

一是中介性质。由于实际中大多数互联网法律服务企业的核心业务是提供法律服务，这种服务具有中介性质，就是居中促成律师为客户服务或促成律师和律师之间的合作。

二是互联网方式。互联网方式是一个笼统的概念，大致的含义是提供一个方便接入的互联网界面，供律师和客户接入，律师和客户之间、律师同行之间、律师和互联网企业之间、客户和互联网企业之间的联系、交流、协商甚至交付和支付，最大限度地在互联网界面内完成。由互联网方式又衍生出一系列新应用，如接入和联系的便利性、App 接入方式、大数据技术、人工智能技术等等。当然，这些技术的使用，并不是必然的，而是取决于互联网企业的选择。

三是平台性质。中介性质加上互联网方式，再加一点大数据技术，就可以建成一个交易平台，通过平台促进律师和客户之间、律师同行之间完成业务委托。平台就是互联网法律服务企业在自己的互联网系统中，建立一个封闭的市场，并为顺利实现交易提供各类市场要素，包括信息检索、支付担保、履约保证等等。随着平台的建立，中介性的服务升级为平台性的服务。

综上，本文所考察的互联网法律服务，是互联网企业提供的、以互联网接入为特点的法律服务，这种服务在现实中绝大多数表现为平台服务，即运用互联网技术和大数据技术建立网上交易平台，通过该平台自助提供法律服务产品或者促进律师和客户之间、律师同行之间完成业务委托的服务。

二　互联网法律服务平台基本情况

为全面了解互联网法律服务发展的现状，我们通过网络检索和访谈等方式，收集整理了 2008 年到 2016 年新设立的互联网法律服务企业，并对这些企业的成立时间、注册地、服务平台进行了分析。

（一）统计方法及基本数据

在数据筛选上，需要说明以下几点：第一，受客观条件所限，本次调查不能保证完整收集了所有的产品及企业信息，本次数据汇总存在遗漏的可能；第二，本次数据收集只限定于 2008 年到 2016 年出现的互联网法律服务产品，互联网发展早期也兴起了一些类似互联网法律服务性质的企业，以法律咨询门户网站为主，与现在的互联网法律服务仍然有很大的区别，且由于时间久远，只能收集到一些仍然存在的网站，大量已经停止服务的网站无法查询；第三，本次统计数据除了包括正常运营的企业之外，同时还收集到了一些已经停止服务的企业品牌；第四，本次统计只包括在工商部门注册的企业或者律师事务所研发的产品，个人利用计算机技术开发的 App、网页、微信公众号等形式的创业平台并不包含在内；第五，如果一家企业开发了多个产品，在本次统计中只列为一项。按照以上原则，我们统计的互联网法律服务品牌共130个（见表1）。

表1　互联网法律服务品牌（2008~2016）

序号	名称	序号	名称
1	安存/无忧存证	26	随身法务
2	易法通	27	问律·中国
3	汇法网	28	赢在线
4	中国法律网	29	壹法务
5	九章研究所	30	蒲公英协作网
6	法内网	31	法律盒子
7	联瑞网	32	OpenLaw
8	信法网	33	爱合同
9	法务在线	34	部落网
10	高航网	35	东方法信
11	律师说	36	法大大
12	绿狗网	37	法海网
13	匹诺曹律师	38	法律宝
14	向日葵律师在线	39	法律侠客在线
15	易法客	40	法象网
16	找律师网	41	法言网（lawtalks）
17	易法务	42	红帽法律卫士
18	YesmyLaw/大状网	43	汇桔网
19	彩虹律师	44	嘉简法
20	存证云	45	快法务
21	法斗士	46	猎律网
22	法狗狗	47	律伴
23	法律管家	48	律果
24	律云	49	律金刚
25	启法网	50	律疏网 lawbook

续表

序号	名称	序号	名称
51	律信律师	80	口袋律师
52	绿狮网	81	库法网
53	绿石开门	82	快速问律师
54	上上签	83	理脉 LegalMiner
55	无讼	84	律博园
56	一签通	85	律超人
57	亿律	86	律大大
58	赢了网	87	律兜
59	找大状	88	律脉（老到）
60	知果果	89	律品
61	中国快律	90	律桥
62	法门网	91	律事通
63	法律问问	92	律新社
64	阿里法律	93	绿茶网
65	110 法律咨询网	94	米律
66	1 号律师	95	牛法网
67	icourt	96	人人法
68	安盾网	97	商法通
69	大律帮	98	诉讼保全
70	点击律	99	贴心律管家
71	丁丁律师	100	推之
72	法帮帮	101	为安法律金融
73	法加加	102	未来法律联盟
74	法驴	103	小微律政
75	法律猴	104	御用律师平台
76	法率	105	债全网
77	华债网	106	知呱呱
78	简法帮	107	八戒知识产权
79	看法	108	罗爷法律咨询

续表

序号	名称	序号	名称
109	询法	120	契约锁
110	百度律师	121	权大师
111	多问律师	122	人民律师
112	法大师（lawMaster）	123	天穗律师网
113	合同家	124	小顶网
114	靠谱律师	125	分钟律师
115	快签	126	联合信任时间戳
116	律登网	127	法律谷
117	律携	128	麒麟律服
118	律英	129	聚法案例
119	绿箭侠	130	俺的律师

（二）成立时间分布

从图1可以看出，互联网法律服务自2012年开始迅速发展，在2014年和2015年达到高潮，这和我国“互联网+”概念的提出相一致。2012年“互联网+”的概念首次提出；2014年11月，李克强总理在出席首届世界互联网大会时指出，互联网是“大众创业、万众创新”的新工具，要把互联网作为中国经济提质增效的“新引擎”。在2014年和2015年，我国新设立的互联网法律服务企业分别为31家和47家，远远超过了往年的增长数。2016年，新设的互联网法律服务企业较前两年明显减少，这说明这一领域的行业格局已经基本形成。

（三）注册地分布

通过分析互联网法律服务企业的注册地点可以看出，北京、上海、广东仍然是“互联网+”法律服务的主要创业省市。其中北京的企业有54家，广东和上海分别有25家和23家（见图2）。这说明

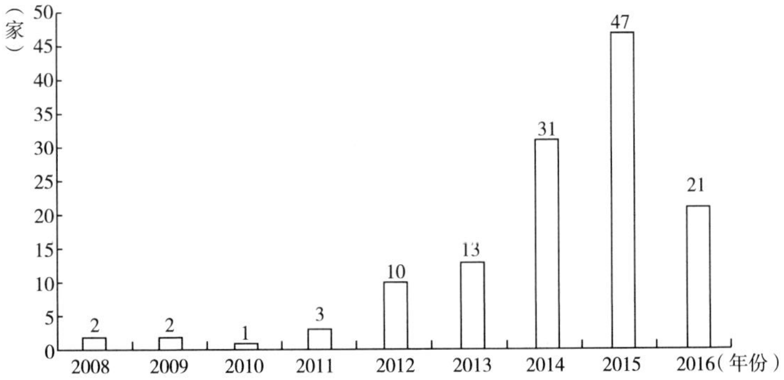

图 1　互联网法律服务企业成立时间分布

北京、上海、广东等地的创业氛围更加浓厚，也与这些地方法律服务市场发达有密切关系。

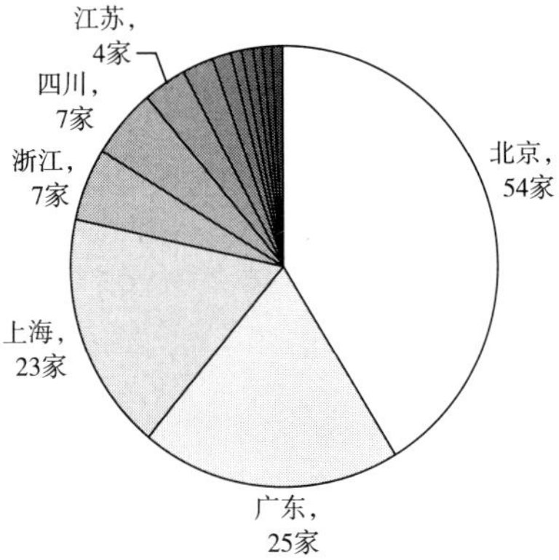

图 2　互联网法律服务企业注册地分布

（四）平台类型分布

从互联网法律服务的平台来看，目前大约 90% 的产品均建立了自己的网站，说明网站仍然是现在互联网法律服务的主要平台。不过其中有近一半的产品推出了App，且有8家企业没有网站只推出App，这反映了移动互联网在法律服务领域的广泛应用（见图3）。

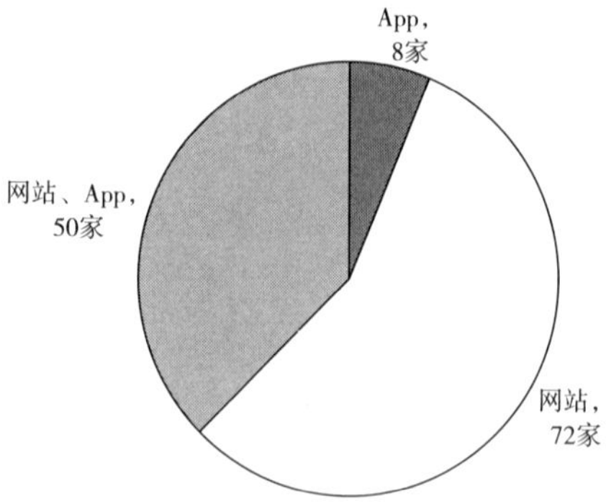

图3　平台类型分布

（五）互联网法律服务企业的组成情况

1. 创始人特点

企业的创始人一般是企业的领导者，也多是企业的最终决策者，对企业的发展战略和企业文化有重要影响。因互联网法律服务企业是互联网与法律服务相互结合的产物，既有法律专业性的一面，又有互联网技术性的一面，因而互联网法律服务企业的创始人在专业背景上也呈现多元化特点。概括来说，可以将互联网法律服务企业的创业者分为三类：第一类是来自从事法律职业的创业者，如“无讼”“律和同盟”等；第二类是互联网行业的创业者，如“绿狗网”“快法务”等；第三类则是互联网行业的技术人员与从事法律职业的创业者联合创业，如赢了网等。

2. 企业人员构成

互联网法律服务企业的人员构成主要分为人员的规模及各类人

员的比例两个方面。不同的创业者因企业定位、发展愿景、创业资本不同，对此有不同的认识，因而各家互联网创业公司的人员构成也不尽相同。从几家比较知名的互联网法律服务创业公司来看，一般是先由法律专业人员提出发展规划和产品要求，然后由 IT 领域的工程师来设计产品，因而除法律专业人员外，一些大公司中来自 IT 领域的工程师占了很大比例，此外还有一些其他专业人员。比如，在与“无讼科技”负责人的访谈中发现，“无讼科技”的人员构成中，“80 后”和“90 后”各占一半，法律背景和计算机背景是两大主流，各占总人数的一半左右。除此之外，其他领域的专业人员也占了一定比例。

3. 是否有律所背景

在互联网法律服务创业中，一些律所也以不同的形式参与其中。律所参与互联网法律服务的形式主要有以下几种：第一种是律所以风险投资的形式参与互联网法律服务企业，如金杜律师事务所投资的“法海网”；第二种是律师事务所将互联网法律服务纳入自己的发展规划，直接创立互联网法律服务平台，如盈科律师事务所投资设立的北京盈科律云科技有限公司；第三种是律师事务所和互联网法律服务企业虽然相互独立，但是律师和企业之间有密切的合作关系，在实际运行中互相提供技术支持，如北京天同律师事务所和无讼网络科技有限公司的协作关系。

4. 融资情况

在互联网法律服务的发展过程中，越来越多的风险投资者以融资的方式进军互联网法律服务领域，在这一领域掀起了一股融资热。虽然互联网法律服务领域的风险投资与其他行业相比规模不算很大，但这些资本的注入对互联网法律服务企业的发展具有重要意义。融资情况在某种程度上反映了社会对这一领域的关注程度和对未来发展的预期。目前，已经有多家互联网法律服务企业经历了数轮融资（见表2）。

表2　互联网法律服务企业融资情况

序号	产品	融资情况
1	安存	华睿等一些风投机构A轮一亿元融资
2	易法通	2015年12月，在大陆新三板上市
3	法内商外	易一天使、维度资本和天使汇的500万元天使投资
4	绿狗网	2013年8月，晨兴资本、真格基金及戴志康三方共计1150万元的A轮投资。2015年9月，牛投网投资300万元
5	易法客	2015年7月，众筹150万元融资
6	彩虹律师	2016年4月，崔栋主投种子轮融资
7	法斗士	2013年，获得100万美元的天使投资
8	法大大	2015年，信天创投领投、复活投资跟投的1500万元A轮投资
9	法海网	2014年，乐视资本领投、金杜律所400万元人民币天使投资
10	红帽 法律卫士	2015年，天阔资本1000万元天使+轮融资
11	快法务	A轮策源创投，顺为资本B轮投资千万美金，策源创投继续跟投
12	上上签	经纬中国700万元Pre-A轮投资，DCM、经纬中国2930万元A轮融资
13	一签通	2015年，获得启赋资本A轮1500万元融资
14	亿律	2016年，力行中天4000万元A轮融资
15	赢了网	由腾讯领投、德同资本和复励投资跟投A轮；淳信投资数千万元人民币B轮融资
16	找大状	天使轮融资1000万元
17	知果果	经纬中国、联想之星370万美元A轮融资
18	1号律师	麦膺创投百万元种子轮投资
19	米律	洪泰基金，300万元天使投资
20	牛法网	1000万元天使轮融资

续表

序号	产品	融资情况
21	为安法律金融	中路股份及玖创资本1000余万元天使轮投资
22	小微律政	蓝驰创投和58到家CEO陈小华的百万美元的联合投资
23	多问律师	易一天使、维度资本和天使汇的500万元天使投资
24	快签	六禾创投数百万元天使轮投资

三　互联网法律服务企业的运营方式及经营策略

（一）互联网法律服务的运营方式

1. 平台与自营

互联网法律服务企业的运营模式可以分为平台运营和自营两种模式：前者其实是平台模式，聚集律师，赚取广告或者按比例提取律师的收费；后者则是自营模式，自己雇用法律技术人员，或者运用智能化的软件提供法律服务，以企业名义收取费用。平台模式的优势是可以快速聚集大量的律师，规模可以做得很大，但劣势是很难控制服务的质量，容易产生负面口碑。自营模式虽然能够对产品有足够的掌控力，但是发展成本过高，很难拓展规模。另外，互联网企业内的法律技术人员本身并不是律师，虽然可以以一定方式提供一些法律服务，但是不能以律师的名义进行。这种限制也会制约自营模式的互联网企业的发展。

目前，国内多数互联网法律服务行业企业广泛采用的是仍然是平台服务。比如，“绿狗网”“快法务”这类为中小企业创业提供法律服务的互联网法律服务企业，针对小微型企业设立、运营、发展的各个环节，通过招募或者与律师、会计师等专业人员合作，将法律服务、会计服务等企业常见的专业服务移到网络平台，企业通过在平台注册可以获得所需的各项服务。这些网络平台可以通过设立评价体系来保障服务质量。

虽然平台服务是当前互联网法律服务企业的主流，但是也有一些自营的例子，其中比较典型的是“知果果”。“知果果”的整个服务团队都是公司化的运作，在平台上提供的服务都是自己公司的内部职员。关于为什么会选择自营这种模式，创始人刘思思认为，“团队的基因决定选择的模式，她和她的团队都是传统服务行业出身，更看重服务的专业性，另外她认为做平台很难把控服务质量，这样就会违背她们创业的初心”①。

不过平台模式与自营模式的分类并不准确，很多企业其实在二者上是兼容的，且哪种模式更有发展潜力，目前还很难看出。当前，互联网法律服务创业仍然处于摸着石头过河的阶段，还缺乏成熟的模式。平台模式和自营模式只是我们类比一般的网络电商而进行的分类，这一分类可能并不一定适合互联网法律服务。

2. 线上与线下

根据互联网法律服务产品的类型，可以分为线上服务和线下服务。线上服务主要指利用互联网等虚拟媒介而直接提供服务的方式。而线下则是在互联网之外，需要通过见面提供服务的方式。从目前的发展来看，法律服务中非诉法律文书业务，部分工作可以直接在线上完成。而诉讼业务一般只是在互联网平台上完成律师与客户的匹配，具体的服务仍然需要在线下进行。根据这两种不同的法律服

① 《商标代理行业“破局者”——知果果是怎么成为资本市场“宠儿”的?》，http://news.163.com/16/0825/14/BVAQRGRI00014AEE.html，最后访问日期：2017年11月3日。

务需求，法律服务企业也大致分成律师垂直搜索类法律服务企业和非诉法律文书生产企业。前者如“赢了网”“法斗士”“牛法网”等等，后者如“绿狗网”“快法务”“知果果”等。

线上提供法律服务的企业主要以标准化法律产品为导向，通过签约的方式与律师合作，从而在后台集结了大量的律师资源，借助这些资源推出相关的法律服务产品，将个人化的法律服务标准化，并通过网络销售这些服务。这类网站服务范围广泛，其服务涵盖工商注册、代理记账、商标注册、税务咨询人事代理以及企业法律顾问等。

提供律师垂直检索的法律服务企业，借助先进的互联网技术，并结合法律服务的特点，帮助有法律需求的用户快捷地找到合适的律师，同时也可以帮助律师找到案源，具体的委托事项双方可以在之后进行协商。比如，有的法律企业针对用户提出的法律服务需求（如劳动争议），系统将根据用户设定的条件自动搜索到可以提供该项服务的律师及服务价格，网站还有每位律师的执业资质、个人介绍，并利用大数据统计了律师曾经代理的案件数量及胜诉率。用户可以在搜索结果中比较选择，然后联系符合自己要求的律师进一步确认委托事项。

3. 上游市场与下游市场

法律服务的上游市场主要为解决律师从业中的困难和促进同行之间的合作，下游市场则是指为当事人提供法律服务。在调研中发现，目前绝大多数互联网法律服务企业主要是为当事人提供法律服务。从这个意义上说，下游市场是所有互联网法律服务企业的重点目标。但是与此同时，上游市场，即律师同行之间的合作需求也客观存在。比如，君合律师事务所推出“律携”的目的是连接全国30

万律师，为全国各地律师提供一个可以交流与相互帮助的平台。不过“律携”目前还处于初期阶段，注册律师人数有限，设想的一些功能还没有实现。

（二）互联网法律服务的经营策略

1. 如何增强客户黏性

互联网法律服务企业的一个重要功能是将律师与客户连接起来，连接的前提是两端分别有足够数量的客户和律师。在吸引客户这方面，互联网法律服务企业采取了各种各样的办法。其中，最普遍的做法就是为客户提供免费咨询或者免费服务。比如，“知果果”平台提出了商标免费代理的创业模式，是先免费，用户获取了一定的服务之后，在一定条件下，平台就会收费。此外，还有一些比较独特的推广策略。比如，法斗士通过帮助网购用户“集体维权”等活动加深人们的印象。

2. 如何构建律师库

互联网法律服务平台最核心的竞争力仍然是律师，一方面互联网法律服务平台需要不断扩大平台的律师数量，另一方面是保证平台律师的质量，并借助大数据技术平台分析律师的业务能力、擅长领域等。

在增加律师人数方面，常用的方法包括补贴律师、品牌推广等。受传统律师行业的行业特征影响，优秀的律师一般通过几个核心客户就可以完成全年律所的营收，又或者是通过自己的关系接案件，层次水平稍微高一些的律师一般不缺案源，所以通过补贴上来的律师，虽然有一定的数量，但是无法沉淀下来，最终留下来的都是那些新入行 3 年以下的年轻律师。

在律师业务能力方面，一种策略是通过人工审查的方式评定，另一种则是通过大数据分析。还有一种方式，是基于已公布的裁判文书，通过大数据对律师的执业能力、擅长领域等进行分析。

3. 如何提高接入的便利性

目前，大多数互联网法律服务平台均是以网站或者 App 的形式存在。App 是目前最流行的互联网创业手段，不过互联网法律服务的创业者对此看法不一，大多数创业者肯定了 App 的前景和价值，但是也有一些人对此持观望态度。比如，绿狗网的张馨心认为，法律类 App 的功能性不强，作用也太单一，用户可能在需要的时候就下载一个，不用的时候就直接卸载掉。它不像微信、微博已经是人们的生活方式了，所以她认为高端的法律服务业务还是很难和移动互联网结合起来。

此外，除了直接开发网站建立互联网法律服务平台之外，还有一些法律服务平台依托国内支付宝、微信等平台设立。在支付宝 App 上，点击支付宝内城市服务中的“法律服务”选项，用户就可以一键呼叫律师直接电话咨询，也可以选择在线咨询，输入案件情况和需要律师解答的问题，留下手机号即可。

4. 如何匹配客户和律师

互联网法律服务平台的重要工作是完成律师与客户的匹配。匹配的目标主要是三个方面：一是效率，如何做到快速匹配；二是合理，即能够把最合适的律师匹配给当事人；三是公平，如果一个业务多个律师都符合条件，如何选择律师。

有的法律服务企业选择律师的过程是：首先，用户下单之后，必须要有一个详细的需求表单，详细填写具体情况、具体需求以及具体背景，如公司是做什么的等。提交后，律师接单，并匹配、界定清楚客户的需求。之后律师会根据需求列出具体服务内容，也可以先去跟律师咨询清楚再下单。

四　互联网法律服务企业经营状态及存在的问题

（一）互联网法律服务企业的经营状态

1. 业务开展情况

对于提供平台服务的互联网企业来说，核心的业务就是在律师和客户之间，或者律师和律师之间，进行匹配和撮合。其核心业务的一个基础工作就是“搭台”，就是律师和客户都来自己的网站注册和访问，用行业内的话来说就是建立律师库和客户库。从这个角度说，互联网法律服务企业的开展情况，包括两个方面：律师库和客户库的建立情况，匹配和撮合的业务量。

具体从这两个方面来看，互联网法律服务企业先后成立，业务开展情况各不相同。其中一些企业发展迅速，各项法律服务业务开展顺利。有的法律服务企业业务开展情况有差异，总体来看，多数互联网法律服务企业的主要精力都还在如何“搭台”上，因为律师库和客户库的建设，关系到平台的竞争力，关系到平台的长远发展。而平台搭建情况，各企业之间又参差不齐。

当然，核心业务的开展和平台建设可以同时进行，大多数企业也正是这样做的。只是对于多数企业来说，由于平台建设规模不够，核心业务也不能大规模开展。

2. 盈利情况

目前，多数互联网法律服务企业还没有实现盈利，还处在“烧钱”的阶段。但也有一些企业开始盈利了。

尽管有些企业宣称实现了盈利，但是总的来说，互联网法律服务企业普遍处于初创阶段，思考运营模式、“烧钱”、寻找盈利点等等，还是绝大多数企业的主要任务。所不同的是，一些企业资金充裕，有从容思考运营模式的时间；一些企业并不急着挣钱，它们可能是投资人其他主流业务的补充，投资人抱着“养着看看”的心态；还有一些企业则是资金不充裕，又不盈利，处境艰难。

（二）互联网法律服务运营中存在的问题

当前，互联网法律服务正处于快速发展的时期，一方面，互联网法律服务已经取得了喜人的成就，但是另一方面也暴露了发展中的一些问题。正如半杯水的故事一样，因为视角不同，每个人得出的结论也不一致。分析互联网法律服务发展的问题，可以更好地促进这一行业的健康发展。

1. 同质化竞争严重

所谓的同质化竞争，是指某类不同品牌的产品，在产品外观、使用功能、服务方式、营销手段上相互模仿，最后导致产品的技术含量、使用价值逐渐趋同的现象。当前的互联网法律服务产品，不管是法律工具类的服务产品、垂直搜索类产品，还是法律电商，这种同质化竞争都比较明显。本文对互联网法律服务产品的统计发现，法律服务垂直搜索和法律电商占了绝大部分。其中，法律服务垂直搜索主要对应的是诉讼业务，而法律电商的服务对象主要是非诉业务，下文分别介绍这两类服务产品同质化竞争的表现。

法律垂直搜索类产品的基本模式是在服务平台上建立律师库并提供咨询服务，当客户搜索的时候，平台根据一定的规则推荐律师及其相关信息供客户选择。推荐的方式、规则、模式则基本相同，大都是基于已经公开的裁判文书评价律师，推荐专业一致的律师给客户。法律电商则以非诉产品标准化为主要业务。目前，国内大多数法律电商提供的产品均为在线合同起草、合同审核、工商注册、在线咨询等。在业务办理上，也是在后台以人工办理为主。浏览这类法律电商的网页，会发现所有页面几乎千篇一律。由于商家众多且服务产品相似，为了抢夺市场份额，多数企业以低价促销为手段。这种低价竞争不仅会影响产品服务的质量，甚至会破坏整个行业发展的生态。

2. 服务价格低对律师的吸引力不足

互联网法律服务与传统法律服务相比，最大的优势是价格便宜。原来向律师咨询问题，每个小时收费可能达数百块甚至上千块，在互联网法律平台只需要几十块甚至完全免费。很多互联网法律服务企业也以价格战为主要竞争方式。由于收费太低，一些经验丰富、知名度高的律师并没有参与互联网法律服务的兴趣，一般在互联网法律服务平台注册的律师都是刚刚执业的青年律师。

在互联网法律服务行业，标准化程度越高的产品价格越低，且竞争会更加激烈。当前造成服务价格低的主要原因在于互联网法律服务平台提供的仍是普通的标准化产品，在个性化产品服务上的创新不足。

3. 对高端客户吸引力不足

法律服务的客户类型可以分为高端客户和低端客户，高端客户主要是大企业及涉及标的额较大的当事人，而低端客户一般是指小微企业及普通个人。互联网法律服务主要面向低端市场的开发，更趋向于一种类型化、简单化、标准化的法律服务，适应了低端法律服务市场的要求，而高端、复杂的法律服务仍然需要找好律师、好律所。目前，大多数互联网法律服务企业定位是为中小微企业及个人提供在线法律服务。当然，也有一些互联网法律服务企业尝试服务高端客户和高端律师，如牛法网不提供普通个人法律服务，而是定位为细分、高端的法律服务，主要面向企业尤其是大中型企业会员、已经拿到融资的企业以及企业高管会员提供高端法律服务。但是这类特色鲜明的企业仍然很少且没有成熟的盈利模式。

4. 在匹配律师与客户上很难保证真实、合理和公正

在早期的法律垂直搜索平台上，大多采取竞价排名的方式，在平台缴费多者会优先推荐，这种模式饱受诟病，已经被逐渐淘汰。目前的法律垂直搜索平台，不仅要为客户推荐律师，更要推荐性价比最高的律师。所以，如何全面、客观、准确地评价律师的业务能力和服务态度，并与客户的实际需要对应，成为最核心的问题。目前，大多数法律垂直搜索平台在律师自己填写资料的基础上，通过大数据分析已经公开的裁判文书，根据分析得出的数据来评价律师，如代理案件数、胜诉率等。这种看似科学的评估方法，实际上存在很多值得讨论的地方：第一，案件代理数、胜诉率这些指标的科学性存在争议；第二，公开的裁判文书并不能代表律师所有的经历，有些案件可能因调解、保密等原因不会公布；第三，律师做的非诉业务很难体现在评价体系里。然而，这种评估方法在法律垂直搜索类服务平台中被广泛采用，鲜有突破。此外，平台推荐律师的“算法”应该由谁来确定，依据什么标准来确定，目前也没有很好的解决办法。

5. 平台服务面临复杂的、模糊的法律关系

互联网法律服务平台是一个新生事物，目前国家还没有出台相关的法律规定，一些行为甚至与现行法律不符。如律师与互联网法律服务平台对收入进行分配，这与《律师法》规定的律师不得私下接受当事人委托的规定相冲突。如果平台提供的法律服务损害当事人的利益，责任如何分担，这些问题也都没有明确的规定。不过，当前因为还处在互联网法律服务发展的初期阶段，这些问题还没有凸显。随着互联网法律服务的发展，各种潜在的问题都将会随之出现，需要提前思考应对的策略。

五　互联网法律服务的发展前景

（一）对传统法律服务的影响

互联网已经成为人类社会生活的基本生产生活资料。从整体上来说，互联网对传统行业的影响主要体现在以下三个方面：第一，打破了传统行业信息的不对称格局，逐渐让一切信息公开化、透明化；第二，通过整合和利用互联网上产生的大数据，可以使资源利用最大化；第三，互联网的群蜂意志，拥有自我调解的机制[①]。具体到法律服务领域，互联网技术的影响主要包括以下几个方面。

1. 进一步拓展了法律服务市场

长期以来，法律服务行业信息不对称问题比较突出，个人及中小企业要寻求法律服务比较困难。互联网改变了传统法律服务模式，法律电商可以及时、便捷地满足个人及企业的法律服务需求，激活了法律服务市场大量的潜在需求。

在非诉业务方面，国家工商总局 2016 年 10 月 17 日发布的数据显示，2016 年前三季度，全国新登记企业 401 万家，同比增长 27%。

① 〔英〕维克托·迈尔-舍恩伯格、肯尼思·库克耶：《大数据时代：生活、工作与思维的大变革》，盛杨燕、周涛译，浙江人民出版社，2013，第 10~30 页。

平均每天新登记企业 1.46 万家。同期，全国新登记市场主体 1211.9 万家，同比增长 13.7%，平均每天新登记超过 4 万家。当前，很多法律电商的主要业务是为中小企业提供工商登记、商标注册、股权激励方案、商业计划书代写等服务，这些业务均存在巨大的开发空间。在诉讼业务中，开放法学平台（Openlaw）发布的《2014 年中国判例数据研究报告》显示，2014 年我国平均诉讼代理率仅为 36.6%。其中民事诉讼案件中有 55.96% 是无代理的，行政案件 74.8%无代理，刑事案件更是高达 84.44%无代理。另外，我国大约 80%的律师（特别是青年律师）缺少案源，收入微薄。互联网可以有效地将律师和客户连接起来，在解决个人及中小企业法律服务需求的同时，拓展法律服务市场。

2. 大大降低了法律服务的成本，提高了法律服务的效率

从总体来看，互联网让行业成本更低、服务更高效是一个大的趋势，法律服务行业也不例外。首先，互联网降低了法律服务的交易成本。在传统的线下模式上，法律服务供求信息不对称造成了已有的法律服务资源无法被充分利用，从而直接推高了法律服务的市场交易成本。而线上法律服务产品的出现，无疑打破了横在供需双方之间的那堵“墙”，可以最大限度地实现法律资源的优化配置，降低交易成本。其次，互联网降低了法律服务的劳务成本。目前，法律服务大量前期、基础性的工作，如案例检索、信息查询、资料整理等工作，均可以借助互联网技术快速完成，可以节省大量的时间。此外，通过互联网可以实现律师之间相互的协作，能在异地调档、取证等方面大大缩减劳务成本。随着人工智能的开发和利用，互联网将取代律师大部分枯燥乏味的重复性工作，进一步提高律师的工作效率。

3. 改变了律师的业务推广模式

传统律师行业的推广主要是在线下进行的，大多是经过人们的相互推荐，一般也都是主观的评价。在互联网法律服务的推动下，律师的业务推广将从线下走向线上，对律师的评价也将主观评价走向主观与客观相结合的模式。线上的业务推广大致有两种方式，一种是互联网法律服务平台基于大数据技术自动推荐，还有一种是通过在线上免费提供法律咨询和潜在委托人互动。

4. 挑战了传统的行业管理格局

我国的律师管理体制是在司法行政部门的指导和监督下的行业自治制度，《律师法》及相关法律法规对律师的执业活动作了严格的规定。比如，《律师法》规定律师要申请执业必须要有律师事务所出具的同意接收申请人的证明，且只能在一个律师事务所执业，不能私自接受当事人委托。在传统的法律服务行业，律师的法律服务均以律师事务所为平台，司法部门和律师协会通过律师事务所来监督和管理律师的执业活动。而在互联网法律服务平台，律师与律师事务所的关系相对淡化，更多的是与平台之间的契约关系。目前，互联网法律服务平台的性质还有待进一步明确。在今后，律师行业可能有相当一部分人员将主要依托网上法律服务平台从事法律工作，如何让律师管理制度适应法律服务行业的新变化是一个值得关注的问题。

（二）互联网法律服务的发展趋势

我国法律服务业的“互联网+”时代虽然处于起步阶段，但是近几年来各类互联网法律服务机构层出不穷，创业热情高涨。从长远来看，一方面，互联网法律服务领域的竞争将日趋激烈，大部分法律服务平台将会被淘汰；另一方面，随着人工智能、大数据的进一步发展，互联网法律服务有巨大的市场前景。通过对目前互联网法律服务发展情况的观察和分析，可以预测未来的互联网法律服务发展将呈现以下几个趋势。

1. 行业竞争更加激烈

当前，在“互联网+”的大潮下，各行各业都掀起了创业热潮，法律服务行业自然也参与其中。根据本文的统计，在短短三四年时间里，国内兴起了一百多家互联网法律服务企业，但是这些企业推出的产品同质化程度颇高，这必然造成行业之间的激烈竞争。以App平台为例，统计的130家互联网法律服务企业中，有57家企业推出了自己的App平台。由于大部分App功能和体验相同，可以预见，经过一段时间的竞争，互联网法律服务平台会因为大量的兼并重组而减少，最终可能只会有几家甚至一两家App被大众普遍认可。

另外，因为互联网法律服务存在巨大的市场潜力，除来自法律界和IT界的创业者之外，许多投资者也以各种形式参与。虽然当前正处于资本寒冬，但是最近已经有多家互联网法律服务企业获得数额不菲的融资，未来仍会有源源不断的资本投入，这将进一步加大互联网法律服务行业的竞争。目前国内还没有形成互联网法律服务的领军团队，在将来争夺市场主导地位的过程中，行业的竞争必将更加激烈。

2. 服务产品更加注重差异化

上文已经分析了我国的互联法律服务产品同质化竞争严重，这也是制约整个行业发展的瓶颈。在互联网时代，人们对产品的需求是多元化、个性化的。互联网法律服务企业要寻找出路，必然要在产品类型和服务模式上下功夫。互联网思维主要包括追求极致、注重客户体验、共建共享等特征。这种思维用在法律服务领域，就是在细分的领域做到极致。今后的互联网法律平台如果想要脱颖而出，最好的机会就是找到恰当的领域，并用追求极致的互联思维打造有良好的用户体验的产品。差异化还表现在产品的服务对象上。互联网主要的功能仍然是媒介功能，即将相关的主体联系在一起。很多互联网法律服务产品的功能就是把客户与律师连接起来，平台在这一过程中获得利益。在连接之前，很重要的一个任务是确定服务的对象。

3. 技术含量不断增加，法律服务效率将大幅提升

从根本上说，互联网法律服务的前景取决于大数据、人工智能等技术的发展程度。随着互联网技术的不断进步，这些新技术也将逐渐在法律领域应用。以机器人 ROSS 为例，它是将 IBM Watson 人工智能超级电脑提供的机器学习技术应用到了法律领域，其工作原理是在识别自然语言提出的问题后，从海量的法律和案例数据库中进行搜索，找到可能的答案，然后对所有答案进行评估，最终提供一个最优解决方案。ROSS 的智能还在于，它会根据用户的反馈进行自我学习，算法也不断调整优化。在计算机技术飞速发展的今天，可以设想今后新推出的互联网法律产品，将融入更多的高科技元素。互联网法律服务可能将由法律人主导逐渐转向技术人员主导。

4. 市场规模将不断扩大，公众法律服务消费习惯逐渐形成

据统计，2012 年我国律师业务的收入总额为 421 亿元[①]，法律服务行业的市场规模每年还在不断增加。但这与中国法律服务行业

---

① 王隽、冉井富主编《北京律师发展报告 NO. 2（2013）》，社会科学文献出版社，2013，第 164 页。

潜在的市场规模相比，仍然是一个非常小的数额。根据上文的分析，我国目前大量的诉讼案件没有律师代理，且每年都有许多新成立的公司没有接受法律服务。互联网法律服务的便捷和实惠，可能激发出大量的法律服务需求。

我国的文化传统一直抑制诉讼，人们的法治意识也普遍较低，目前整个社会还没有形成法律服务消费的习惯。随着互联网法律服务的推广和发展，寻求法律服务将越来越便捷，法律服务质量也会越来越高，企业和人们接受法律服务的习惯也会得到加强。反过来，又将促进互联网法律服务的需求，进一步扩大市场。

5. 行业监管制度更加科学合理

目前，我国的互联网法律服务还处于野蛮生长状态，司法部门及律师协会等行业自治组织很少介入对互联网法律服务平台的管理。当前，很多互联网法律服务平台的经营活动与现行的法律法规存在一些冲突或者不一致的地方。另外，随着互联网法律服务行业规模的逐渐扩大，参与的律师越来越多，有必要制定这一行业的行为规范和行业标准，规范平台和从业者的经营行为，相信这些政策和措施很快都会制定落实。

结　语

我国是一个互联网大国，互联网法律服务有广阔的发展空间。当前，我国互联网法律服务才刚刚起步，面临一系列问题，这些问题并没有现成的解决办法，需要我们自己不断探索。互联网法律服务将极大地拓宽法律服务市场和服务种类，并将逐渐走向依靠技术驱动的时代。在互联网、人工智能、大数据等信息技术手段的推动下，传统法律服务中一些机械、冗杂的工作都将被计算机取代，法律从业者基于事实的经验在大数据面前都将没有价值。但是，法律人并不会因此而变得失落或者空虚，从重复机械工作中脱身的法律人将在正义的召唤下，真正有机会将法律当成一种“职业”，为人类创造更好的生活。正如罗伯特·N. 威尔金所言：“精神的东西，会按照精神的方式行进，而获得这一精神最好的办法就是崇尚它，只有崇尚才能根植于心，为灵魂所拥有。”[①]

---

① 〔美〕罗伯特·N. 威尔金：《法律职业的精神》，王俊峰译，北京大学出版社，2013，第152页。

【附录】

稿件规范与注释体例

1. 稿件应确保原创性和首发性。所投稿件及其主体内容不得在其他报刊、网络上发表。请注意学术规范，非原创观点必须按照规范标注来源。鉴于出版社要对稿件进行学术原创性和学术不端行为检测，作者在交稿之前务必进行自查。稿件无法通过检测的，恕一律无法采用。

2. 所有稿件需提供中文摘要及关键词，中文摘要不超过 200 字，关键词 3~5 个。摘要仅对文稿主旨、主要观点进行概括，杜绝长篇大论和照搬文稿序言部分的情况。

3. 标题由撰稿人围绕主题自行拟定，可加副标题。

4. 标题下不设节，文稿一般按“一、”“（一）”“1.”“（1）”的序号设置层次，其中“（1）”以下（不包括“（1）”）层次标题不单占行；文稿层次较少时，略去（一）的层级；段内分项的，用①、②、③、④……表示。具体为：

一、××××

（一）××××

1. ××××

（1）××××

（2）××××

①×××××××××；②×××××××××。

5. 图和表应分别连续编号，如“图1”“表1”，图题排在图稿下方，表题排在表格上方，图表应与行文叙述照应，即在行文中要先出现抬注（见图1、表1）字样后，才能接着出现图表，不得使用“见下图”“见下表”等表述。

6. 注释采用每页连续脚注（用①而不用1），引文规范应为：

（1）著作类：〔国籍〕著者：《书名》，译者，出版者，出版时间，页码。

（2）杂志类：作者：《论文名》，《期刊名》××××年第×期。

（3）报纸类：作者：《文章名》，《报纸名》××××年×月×日。

（4）英文注释中杂志名与书名用斜体，文章名用引号。

7. 注释以必要为宜，主要限于权威著作、学术来源、数据来源，尽可能避免说明性注释和花边式注释；注释应以引用报刊、书籍为主，尽可能避免引用网络链接。

8. 数字10以上的一律用阿拉伯数字，但中国古代典籍、年号中的数字，保留汉字习惯；10以下的一般用汉字；法条的条款项一律用阿拉伯数字。数字之间连接一律用波浪线；超过3位数的数字间一律不加逗号分隔，如10000；20世纪以前年代用20世纪90年代、20世纪80年代来表示，必须做到全文统一。

9. 确保文中引用的法规名称及颁布部门、时间、文号的准确性，凡标题为《中华人民共和国……》的法规文件，一律省略“中华人民共和国”，不得使用法规简称，如不能将《刑事诉讼法》省略为“刑诉法”。

10. 文中使用的国务院机构名称一律使用规范的简称，参见国务院办公厅秘书局核定的《国务院机构简称》。

11. 文稿应尽量避免口语化、报刊语言，如“解放前、后”“建国后”“文革”，应准确地表述为“1949 年以前、以后”“中华人民共和国成立后”“文化大革命”；要注意少用第一人称，如我国、我党应表述为“中国”“中国共产党”；简化语尽量少用，若用，应在第一次出现时加注说明。

《实证法学研究》约稿函

改革开放以来，中国法学研究和法治建设取得了举世瞩目的成就。党的十八届三中全会提出“建设科学的法治建设指标体系和考评标准”，党的十八届四中全会吹响了全面推进依法治国的新号角，《中共中央关于全面推进依法治国若干重大问题的决定》明确提出，重要立法事项引入第三方评估，将风险评估、合法性审查确定为重大行政决策的必经程序。近年来，我国法学研究人员和法律工作者积极投身法治中国建设，形成了一系列重要理论和实证研究成果，对推动我国法治进步作出了重要贡献。

法学研究应当以推动社会发展进步为己任。为加强实证法治研究，凝聚学界共识，推动实证法学研究的理论发展，团结学界同人更好地参与法治建设实践，中国社会科学院法学研究所创刊出版《实证法学研究》，以期形成中国实证法学研究的综合性、权威性、创新性平台，打造中国实证法学的权威理论园地。

《实证法学研究》由“法治蓝皮书”团队编辑。中国社会科学院法学研究所长期关注我国法治实践，已连续16年编辑出版“法治蓝皮书”“地方法治蓝皮书”等学术成果，并开展了政务公开、司法公开、基本解决执行难等第三方评估工作，见证中国法治进程。

《实证法学研究》向各位专家学者诚约稿件。用稿范围包括但不限于法学研究方法、专题研究报告、法治评估报告、学术理论争鸣等。

投稿邮箱：szfxyj@ 126. com

中国社会科学院国家法治指数研究中心

《实证法学研究》编辑部

【编者手记】

经过不懈努力，《实证法学研究》第二期如约而至。学术争鸣是我们的办刊宗旨，作为一本定位于理论联系实际的法学理论研究刊物，第二期选择了劳动者权益保护作为重要的争鸣议题，以使人们关注现实中的劳动法应用问题以及劳动法的理论问题。

众所周知，法律是一种社会成员均应遵守的规则，其中各项规则的设定在于反映一定时期的伦理道德，在于平衡各方利益、平等保护各方主体，在于体现社会发展的正能量、引领社会大众向善而行。这一点在中国劳动法治发展过程中体现得十分明显。中国改革开放 40 年来，如何保护劳动者的合法权益，杜绝血汗工厂对工人的压榨和欺凌，同时也避免掣肘发展，掉入西方社保高福利高保障的陷阱，一直是重要且热门的话题，且呈两极分化态势。长期以来，中国的劳动法被诟病对用人单位保护过多而对劳动者保护欠缺，资方恶意拖欠劳动者薪酬、不签订劳动合同、不给劳动者缴纳社保等时有曝光。但我们在最近一些年的调研中也发现了一些新情况，如有的地方反映个别劳动者故意自残以要求获得伤残赔偿，甚至有以一个小拇指换取十几万赔偿的事例发生，以至于有观点质疑劳动法究竟是该平等保护劳资两方还是侧重保护弱者。为此，本次特约了两篇争鸣稿件，从各自视角探讨了我们究竟需要什么样的劳动法。

作为规则的法律也是要重点约束公权力尤其是政府权力的，而公开透明则是监督权力最有效的手段之一。为此，本期邀约了 3 篇涉及政务公开的稿件，分别探讨如何落实“以公开为常态、以不公开为例外”、如何避免公开过程中的信息歧义、如何推行“双随机、一公开”以将公开融入政府监管过程中。

法院行使的是定分止争的法定职权，是法律的实施者和法治的守护者，司法如何运行关系到法律的精神能否得到贯彻。所以，本期也就此组织了 4 篇稿件，探讨法院内设机构的设置与运行、涉众型经济犯罪案件审理中总结出的案件特点、执行指导性文件的现状与问题以及破产案件快审机制。

法律的实施对公众既是约束，也是保护，更多情况下还是一种服务，优质的法律服务代表着一个国家和地区的法治进步程度，有助于方便公众知晓自身权利、明晰自身行为边界、预估行为风险。随着互联网的普及，依托互联网的法律服务也将进一步助力法治中国建设。因此，本期还对互联网法律服务现状进行了分析。

徒法不足以自行。空洞且脱离实际的理论脱不了无病呻吟之状，不但毫无意义还可能空谈误国。从实践中来、到实践中去，这样一个放之四海而皆准的道理自然也适用于法学领域。《实证法学研究》走到第二期，希望与越来越多地关注实在的法律问题和实证法学研究方法的同仁共勉，在中国特色社会主义进入新时代的特定历史时期，为解决好人民群众日益增长的美好生活需要和不平衡不充分的发展之间的矛盾，作出法律人应有的贡献。

编　者

2018 年 6 月

图书在版编目(CIP)数据

实证法学研究. 第二期 / 田禾，吕艳滨主编. -- 北京：社会科学文献出版社，2018.7
ISBN 978-7-5201-2867-4

Ⅰ. ①实… Ⅱ. ①田… ②吕… Ⅲ. ①法学-研究
Ⅳ. ①D90

中国版本图书馆 CIP 数据核字(2018)第 115492 号

实证法学研究（第二期）

主　　编 / 田　禾　吕艳滨

出 版 人 / 谢寿光
项目统筹 / 王　绯　曹长香
责任编辑 / 曹长香

出　　版 / 社会科学文献出版社 · 社会政法分社（010）59367156
地址：北京市北三环中路甲 29 号院华龙大厦　邮编：100029
网址：www. ssap. com. cn
发　　行 / 市场营销中心（010）59367081　59367018
印　　装 / 三河市龙林印务有限公司

规　　格 / 开 本：787mm×1092mm　1/16
印 张：15.5　字 数：185 千字
版　　次 / 2018 年 7 月第 1 版　2018 年 7 月第 1 次印刷
书　　号 / ISBN 978-7-5201-2867-4
定　　价 / 68.00 元